당신의 행복은
얼마입니까

당신의 행복은 얼마입니까

초판 1쇄 발행 2013년 4월 1일

지은이	이경호
발행인	권선복
편 집	김소영
디자인	김소영
교정교열	김정웅
기록정리	한영미
전자책	신미경
마케팅	서선교
발행처	도서출판 행복에너지
출판등록	제315-2011-000035호
주 소	(157-010) 서울특별시 강서구 화곡로 232
전 화	0505-666-5555
팩 스	0303-0799-1560
홈페이지	www.happybook.or.kr
이메일	ksb6133@naver.com

값 15,000원
ISBN 978-89-97580-76-7

Copyright ⓒ 이경호, 2013

* 이 책은 저작권법에 따라 보호받는 저작물이므로 무단전재와 무단복제를 금지하며, 이 책의 내용을 전부 또는 일부를 이용하시려면 반드시 저작권자와 〈도서출판 행복에너지〉의 서면 동의를 받아야 합니다.
* 잘못된 책은 구입하신 곳에서 바꾸어 드립니다.

도서출판 행복에너지는 독자 여러분의 아이디어와 원고 투고를 기다립니다. 책으로 만들기를 원하는 콘텐츠가 있으신 분은 이메일이나 홈페이지를 통해 간단한 기획서와 기획의도, 연락처 등을 보내주십시오. 행복에너지의 문은 언제나 활짝 열려 있습니다.

HAPPY SUCCESS

당신의 행복은 얼마입니까

이경호 지음

프롤로그

대학을 졸업하고 사회에 진출한 이래 어느덧 30여 년의 세월이 흘렀다. 앞만 보고 달려오는 동안 결혼하여 가정도 일구고 작지만 소중한 인생의 성과물도 얻었다. 돌이켜 보면 평탄한 길보다 가시밭길이 더 많았다. 그러나 힘들고 지칠 때마다 포기 대신 긍정과 열정을 가슴에 품고 희망을 향해 한 발 한 발 걸음을 내딛었다.

그 덕분이었을까. 운 좋게도 나는 수많은 선배들이 줄줄이 해고되었던 IMF를 견뎠고 보험영업이 지점제와 종신·변액·연금보험 시대를 거치며 성장하는 과정 속에서 나만의 차별화된 영역을 구축했다. 또한 이 시기에 보험영업 현장에서 행복한 성공의 법칙을 몸으로 체득함으로써, 이전에는 경험하지 못했던 성취감을 맛볼 수 있었다.

지점장 챔피언 2회, 수많은 영업 관리자 대상, 남성·여성 조직의 성공적 구축, 다수의 행복한 성공자 배출 등 오히려 IMF라는 격변기가 오늘의 나를 있게 한 원천이 되었고 수많은 직원들과 관리자들,

각 방면의 다양한 분들과 대화하며 공감의 폭을 넓힐 수 있는 계기가 되었다. 전화위복이었던 셈이다.

'한 시대를 풍미했던 영웅이 다음 세대를 리드할 수 없다'는 말처럼 불멸의 대기록을 세웠던 수많은 전설적인 선배들이 은퇴하고 그들의 빈자리에 새로운 주역들이 속속 등장하고 있다.

3W(일주일에 3건 계약 체결) 1,000주를 지향하고 공백 없이 근무하는 그날까지 '스타'를 하겠다는 후배나 은퇴하는 그날까지 'MDRT(Million Dollar Round Table : 생명보험업계에서 고소득 설계사들이 모인 전문가 단체)'를 하겠다는 후배처럼 당당한 포부를 안고 수많은 사람들이 보험영업이란 무림에 발을 담그기 시작했다.

그러나 화무십일홍花無十日紅이라 했던가. 붉은 꽃도 열흘을 가지 못하고 달도 차면 기운다는 말이 요즘 따라 실감 난다.

최근 세계 경제상황과 온갖 악재에 둘러싸여 고군분투 중인 후배들을 보면 마음이 아프다. 보험영업의 세계는 '잘되면 좋고 안 되면 그뿐'인 것이 아니라 치열한 생존경쟁이 벌어지는 삶의 현장이다. 현장에서 아파하며 기뻐하고 때로는 고민하는 후배들을 볼 때마다 꼭 전해 주고 싶은 말이 있다.

오늘의 영웅만 존재할 뿐 어제의 승자는 기억하지 않는 냉정한 삶의 현장이지만 '행복한 성공'의 법칙은 존재한다는 것이다. 여기에서의 성공은 단순한 부富의 성공이 아닌 '행복한'이란 전제조건이 붙는 성공이다. 성공을 했는데도 불행하다면 그것은 진정한 의미의 성공이라 할 수 없을 것이다. 그러니 누구나 선호하는 10차선 도로만 찾을 것이 아니라 지금이라도 여러분 자신만의 행복한 오솔길을 찾아 나서야 한다.

늦었다고 생각할 때가 가장 빠른 때다. 누구에게나 찾아오는 위기를 기회로 발전시키느냐 마느냐는 전적으로 우리 자신에게 달려 있다. 당장 눈에 보이는 성과가 없다 하여 조급해하지 말고, 자신의 길에 대한 확신을 갖고 끈기 있게 걸음을 옮긴다면 우리 모두 저만큼 마중 나와 있는 행복한 성공과 마주하게 될 것이다.

나는 그동안 일 외의 분야에도 꾸준히 관심을 갖고 여러 가지 준비를 해왔다. 가족과 건강, 재정적 자유, 자기계발, 노후준비 등이 그것이다.

행복한 성공을 꿈꾸려면 무엇이 필요하고 행복한 성공을 실천하려면 보험영업인으로서 어떻게 해야 하는지, 또한 가족과 건강을 최우선으로 하여 행복한 성공을 한 단계 진화시키려면 어떤 자세로 임해야 하고, 누구나 꿈꾸는 행복한 노후를 맞으려면 어떤 포트폴리오가 필요한지 등을 늘 생각하고 검토하고 하나하나 실천으로 옮겨왔다. 물론 여러 번의 시행착오도 겪었지만 그런 실패의 경험들이 오히려 나의 몸과 마음과 삶을 더 단단하게 단련시켜 주었다.

이제 이 모든 경험들이 오롯이 담긴 책을 통해 동료 후배 여러분들과 교감을 나누며 조금이나마 도움을 드리고자 한다. 나의 진심을 담아 써내려간 이 책이 치열한 삶의 현장에서 누군가 길을 잃고 헤맬 때 작은 이정표가 되어주기를 희망해 본다.

내 청춘에는 내가 걸어온 이 길 외엔 다른 길이 없었다. 자의였든 타의였든 그것과 상관없이 내가 걸어온 이 길이 나를 성장시켜 주었음에 무엇보다 감사한다.

부족했지만 지난 세월 동안 내게 일어났던 일과 과정의 의미를 이해하고 내 가족의 꿈을 실현 시켜준 내 일과 회사 그리고 내 삶에 감사한다.

또한 아름다운 마무리를 할 수 있도록 늘 물심양면으로 내조해 준 아내 안수경에게 마음 깊이 고마움을 전하며 청춘을 불사르며 행복한 미래를 위해 고군분투하고 있는 아들 승목, 창목이에게 조금이라도 힘이 되었으면 한다.

추천사 | 라이나생명보험(주) 홍봉성 대표이사/사장

지금 우리나라는 저성장 국가 및 고령사회로 진입하고 있다.

계속되는 경기 불황으로 서민들의 생활은 더욱 힘들어지고, 금융 당국의 각종 규제 등으로 보험업계 역시 성장정체라는 난관에 봉착해 있다.

그러나 이런 때일수록 기업은 기업대로 고객 중심 경영에 박차를 가하면서, 직원들이 업무에 몰입할 수 있고 회사에 열정을 쏟을 수 있는 업무환경을 만들어 주어야 한다. 직원은 직원대로 자신과 가정에 대한 책임, 직업 또는 사업적 책임, 지역사회 또는 국가에 대한 책임, 글로벌 책임 등을 바로 인식하고 그것을 실천으로 옮겨야 한다.

저성장 국면에서도 행복을 느낄 수 있는 진정한 의미의 '행복 패러다임'을 찾아나서야 할 때인 것이다.

이러한 시점에서 출간된 이 책 『당신의 행복은 얼마입니까』는 시사하는 바가 크다.

'성공해야 행복한 것이 아니라 행복해야 성공한 것이다'라는 단순하면서도 정확한 명제를 고스란히 담아내고 있기 때문이다.

추천사

나는 보험영업 현장에서 이 책의 저자와 오랜 세월을 함께했다.

그에게는 고난을 고난으로 생각하지 않는 배짱과 그것을 헤치고 나갈 용기가 있었으며, 성공의 가장 기본적인 요소인 성실성과 노력이 있었다.

그런데 이 책을 펼쳐보니 그에게는 자신이 천신만고 끝에 이루어낸 결실을 타인과 함께 나눌 줄 아는 지혜까지 있는 듯하다.

일적인 측면뿐만 아니라 가족과 건강, 자기계발, 재정적 자유 등을 통해 그가 제시한 행복한 성공의 패러다임은, 우리 회사가 외국계 생명보험회사 가운데 최초로 한국 시장에 진출한 이후 고객 여러분들의 건강, 웰빙, 재정적 안정을 돕는다는 기업 미션과도 일맥상통한다.

모쪼록 그의 나눔의 향기가 배어 있는 이 한 권의 책이, 보험영업 현장의 최전방에서 저자의 뒤를 좇아 행복한 성공을 꿈꾸고 있는 후배들에게 삶의 나침반이 되어주기를 기대한다.

추천사 | 국선도연맹 총재 최동춘

행복하거나 성공하려면 건강해야 한다. 아니, 행복과 건강이 곧 성공이다.

저자는 2000년부터 13년간 꾸준히 우리 민족 고유의 생명生命과 생활生活의 도道인 국선도 수련에 정진하여 건강한 몸과 건전한 정신을 가꾸어 왔다.

밤의 깊은 휴식이 낮의 왕성한 활동력의 원천이 되듯이 그는 '느림'의 국선도 수련을 통해 잠재능력을 일깨워 '빠름'의 비즈니스 생활에 응용할 줄 아는 현명한 성공인이다.

저자의 끊임없는 열정과 도전정신이 잘 녹아들은 이 책을 통하여 성공해서 행복한 것이 아니라 행복해서 성공한 것이라는 진리를 다시 한 번 깨닫게 되었다.

그리고 저자의 바람대로 치열한 삶의 현장에서 고군분투하고 있는 많은 사람들에게 진정한 성공의 의미를 되새김질할 수 있는 지침서가 되기를 바란다.

에머슨 클라이밋 테크놀리지 아시아 부사장 허존회 | 추천사

분야를 막론하고 성공하는 사람들의 공통점은 부지런하다는 점이다. 부지런히 사고하고 부지런히 자기 수련을 하고 부지런히 주변 사람들을 챙기는 그런 사람들 말이다.

저자는 지금까지 내가 본 사람 중에서 부지런함에 있어서 둘째가라면 서러울 정도로 다른 이보다 먼저 생각하고 계획하고 실행하는 사람이다.

실패를 성공으로 이끌어 가는 그의 부지런함과 끈기, 치밀한 계획력과 추진력이 다름 아닌 그의 성공의 요인이 아닐까 생각한다. 책 쓰는 일이 어디 아무나 할 수 있는 일인가. 그의 또 다른 숨은 재주와 열정을 이 책에서 확인하게 되었다.

저자를 30여 년 넘게 지근에서 보아온 나는 이번 발간이 그의 더 큰 성공을 향한 도약의 계기가 될 것으로 믿으며 『당신의 행복은 얼마입니까』의 출간을 진심으로 축하한다.

추천사 민병철 교육그룹회장/건국대학교 교수 민병철

영어 공부의 목적은 원활한 소통이다. 소통이란 다른 생각, 낯선 의견, 반대되는 주장이 만나 더 멋지고 가치 있는 것을 창조하는 과정이다. 소통을 배우지 못하면 우리는 퇴보하고 결국 글로벌 시대에서 이탈할 수밖에 없다. 이러한 21세기의 경쟁력인 소통의 능력을 기르기 위해서는 점수를 위한 시험 영어가 아닌 생활에서 소통할 수 있는 살아 있는 영어를 구사해야 한다. 즉 영어 규칙의 노예가 되지 말고 영어를 소통의 도구로 삼아 나만의 콘텐츠를 만들고, 자신의 영역에서 '굿 커뮤니케이터 good communicator'가 되려는 노력이 선행되어야 한다. 열린 마음으로 세계와 소통하는 영어가 진짜 영어인 까닭이다.

이 책 『당신의 행복은 얼마입니까』가 눈에 띄는 이유 역시 필자만의 차별화된 콘텐츠로 세상과 소통하기 때문이다. 오랜 세월 자신의 경험이 녹아 있는 영업현장에서부터 가족과 건강, 노후에 이르기까지 필자는 성공을 꿈꾸는 이들에게 진정한 성공의 아우트라인을 제시한다.

이 책은 경제적·사회적 지위 향상에만 몰두하는 편협한 성공이 아닌 몸과 마음·가족과 일이 진정한 조화와 균형을 이룰 때 찾아오는 '행복한' 성공을 꿈꾸는 사람들의 책이다. 행복한 성공을 꿈꾸고 실천하고 진화시키는 필자의 내공이 심상치 않다. 한 분야에서의 부단한 노력과 인내를 통해 이루어 낸 그의 성공이 값지게 느껴지는 이유다.

출간을 축하하며 보다 많은 독자들이 긍정의 에너지로 행복한 성공의 길로 동행하게 되기를 기원한다.

부산소설가협회 회장 옥태권 [추천사]

추천의 글을 써도 될지 아직도 조심스럽고 망설여진다. 대학교 동기라는 끈으로 연결되어 있긴 하지만 그동안 저자가 보여 준 노력과 헌신과 성취를 감히 필설로 논할 자격이 되는가 하는 생각 때문이다.

전공도 아닌 분야에 단신으로 뛰어들어 산전수전 다 겪으며 온몸으로 체득한 보험맨으로서의 노하우를 후배들과 함께 나누겠다는 마음만으로도 아름답지 않은가. 특히 다른 무엇보다 나를 숙연하게 만든 것은 단순히 성공에의 길로 매진한 것이 아니라 행복한 성공의 길을 추구했다는 점과 현장에서 물러난 이후를 대비하여 자연치유와 건강에 이르기까지 인생 전체의 로드맵을 그려놓고 뚝심 있게 실천해 나가고 있다는 점이다.

사실 저자는 '과연 이게 책이 되겠느냐'고 몇 번이나 망설이곤 했다. 그때마다 출간을 권유했던 이유는 아름다운 미사여구나 화려한 논리보다 '최선을 다해 살아온 사람의 진솔한 고백'이 훨씬 더 감동적이라는 믿음 때문이었다.

무엇을 어떻게 해야 할지 도무지 앞이 보이지 않는 시대라고들 말한다. 이에 동의하는 분들에게 일독을 권한다. 어쩌면 칠흑같이 어두운 인생의 밤바다를 비춰줄 등대를 만날 수 있지 않겠는가. 아니 그리 되리라 믿어 의심치 않는다.

4 프롤로그

8 추천사

PART 01 행복한 성공을 꿈꾸어라

HAPPY DREAM

21 행복한 성공이란

25 행복한 성공의 법칙, 균형과 조화

32 인생 전반에 걸친 로드맵을 작성하라

37 마스터플랜은 최소 단위로 세밀하게 짜라

43 인생이 행복해지는 시그모이드 이론

48 어제를 돌아보고 내일을 꿈꾼다

63 인생을 바꿀 수 있는 선택을 하려면

68 기회는 왔을 때 잡아라

71 자신만의 필살기를 만들어라

75 자존감을 높여라

행복한 성공을 실천하라 PART 02

HAPPY ACTION

81 행복한 성공의 설계에서 실천으로
87 어려운 분야에서 성공했을 때 성공은 더 빛이 난다
95 행복한 성공자가 되기 위한 노하우
100 왜 누구는 잘하고 누구는 못할까
109 팀의 성공이 곧 회사의 성공이다
122 신뢰받는 사람의 조건
126 개척자로서의 삶을 살라
130 사람의 마음을 얻으면 성과는 따라온다
134 원칙을 세우고 따르라
141 평범한 사람도 행복한 성공을 할 수 있다
146 초심으로 돌아가 한 분야의 고수가 되라
150 우리 모두 정상에서 만납시다

PART 03 행복한 성공을 진화시켜라

HAPPY EVOLUTION

157 성공한 사람들은 지금 이 순간도
건강관리에 집중하고 있다

161 몸을 살리는 운동이란

167 명품 몸을 만들자

177 매일 실천하는 또 다른 건강법

180 하루 20분의 명상으로 행복한 성공을 하자

190 고생을 고생으로 생각하지 마라

194 진정한 삶의 내공 쌓기

204 행복한 성공의 키포인트, 가족

214 아들과 함께한 몽블랑 등정을 통해 배운 삶의 지혜

행복한 성공을 마무리하라 PART 04

HAPPY END

225 긍정에너지로 행복해지자
230 포트폴리오를 재구성하자
234 100세 시대의 인생 제2막
240 행복한 성공의 필요조건, 재정적 자유
246 욕심 없는 목표설정
250 희망은 함께 만들어 가는 것이다
253 비우면 찬다
256 행복을 느끼기 위해서는 쉬어야 한다
260 다시 태어나다, 삶의 프레임을 바꾸다

266 나의 유언장
268 에필로그

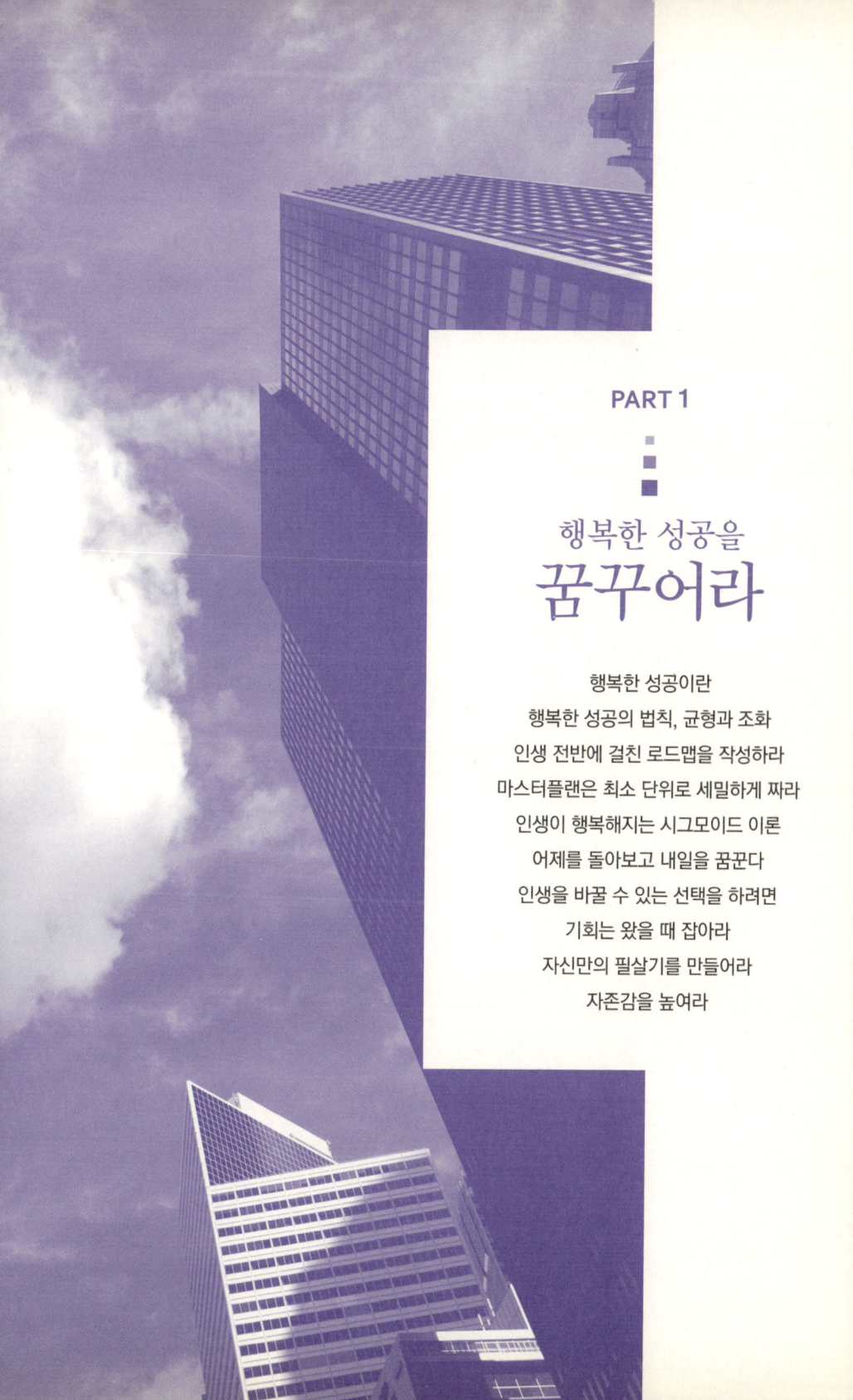

PART 1

행복한 성공을
꿈꾸어라

행복한 성공이란
행복한 성공의 법칙, 균형과 조화
인생 전반에 걸친 로드맵을 작성하라
마스터플랜은 최소 단위로 세밀하게 짜라
인생이 행복해지는 시그모이드 이론
어제를 돌아보고 내일을 꿈꾼다
인생을 바꿀 수 있는 선택을 하려면
기회는 왔을 때 잡아라
자신만의 필살기를 만들어라
자존감을 높여라

"시작하기 전에 15분 동안
무엇을 할 것인지를 생각하면,
나중에 4시간을 절약할 수 있다."
- *James W. Botkin*

행복한 성공이란 01

HAPPY DREAM

　우리는 너 나 할 것 없이 성공을 꿈꾸고 그 꿈을 실현시키기 위해 치열한 삶의 현장에서 열심히 살아가고 있다. 그러나 성공에도 급級이 있다는 것을 많은 사람들이 잊고 있다. 성공이라고 해서 다 같은 성공이 아닌 것이다. 행복하기 위해서는 '성공'이란 한 요소도 중요하지만 성공이 바로 행복으로 이어지는 것은 아니기 때문이다. 문제는 성공이 아닌 '행복'이다. 즉 성공해야 행복한 것이 아니라 행복해야 성공한 것이다.

　예를 들어보자. 뉴스를 보면 부와 명예를 한 손에 거머쥐어 마냥 행복해 보이던 스타들이 스스로 유명을 달리한 소식을 심심찮게 들을 수 있다. 이들의 비극적인 마지막 소식을 접하다 보면 '진정한 성공이란 무엇인가?'에 대해 곰곰이 생각하게 된다.
　왜 그들은 남들이 부러워할 만큼 모든 것을 가졌음에도 행복하지 못했을까? 왜 그들은 성공했음에도 불구하고 자살이라는 극단적인 방법을 택했을까?

그 이유는 어떤 면에서 매우 명확하다. 성공은 했으되 행복한 성공이 아니었던 것이다. 부와 명예는 가졌으되 그것을 행복으로 여기고 함께 나눌 사람은 없었던 것이다. 등급으로 치면 최하급의 성공이었던 셈이다.

이렇듯 자신의 인생을 망치는 성공이 있고, 자신의 인생을 돋보이게 하는 성공도 있다. 전자의 경우는 메아리 없는 성공, 말 그대로 혼자만의 성공이다. 악착같이 자신을 희생하여 돈을 벌고 출세를 했으나, 그것을 진정으로 알아주는 이도 나눌 이도 없는 것이다.

후자의 경우는 우리가 꿈꾸는 진정한 성공인 동시에 자신뿐 아니라 주변 사람까지 다 같이 행복할 수 있는 최상급의 성공이다. 이렇게 행복한 성공을 이룬 사람들에게는 몇 가지 공통점이 있다. 여유롭고 너그러우며 에너지가 넘친다는 점이다. 자신의 향기를 간직하면서 주위도 밝게 비추는 것이다.

그렇다면 행복한 성공의 선택 기준은 어떤 것인지 다음 세 가지 선택 측면에서 생각해 보자.

첫째, 행동의 선택이다. 자신의 인생을 자기 주도적으로 살 것인가? 타인의 영향을 받으며 살 것인가? 선택은 당신에게 달렸다. 인생은 My way다.

둘째, 목적의 선택이다. 인생을 걸 만한 가치 있는 일인가? 도움이 되는 선택인지 해가 될 선택인지 어떤 결과에 도달할 것인지, 항상 어떤 일을 선택함에 있어 그 목적을 분명히 해야 한다.

셋째, 원칙의 선택이다. 인간의 양심은 자기 마음속에 있다. 잘되고 싶은데 남에게 피해를 주면서까지 잘되고 싶은가? 자기 자신을 속이면서까지 잘되고 싶은가? 최소한의 양심이 있는 사람이라면 제대로 했는지 안 했는지를 자기 자신만은 알고 있다.

사람마다 어떤 행동과 어떤 목적과 어떤 원칙을 선택했느냐에 따라 행복한 성공이냐 아니냐가 판가름 날 것이다. 정정당당한 페어플레이를 통해서 자기 자신이 원하는 행복한 성공을 해야 한다.

세상 사람들은 실패자의 넋두리보다 성공한 사람들의 성공담을 듣고자 몰려든다. 각 분야에서 성공한 사람들을 살펴보면 대체로 사려 깊고 타인을 사랑하며 친절을 베풀어 자연스럽게 많은 사람들을 모으는 경향이 있다.

한 번 성공해 본 사람이 또 다른 성취를 이룰 확률이 높은 것도 이 때문이다. 거기에 성공으로 이끄는 원칙과 실패를 초래하는 원칙을 분별하는 능력까지 겸비하고 있다. 우리 모두에게 절실히 필요한 능력이다. 무엇보다 중요한 것은 그들은 행복한 성공의 목적이 누군가를 이기는 것이 아님을 알고 있다. 경쟁자만 보고 뛰는 사람은 목표를 보고 뛰는 사람을 결코 이길 수 없다.

여러분들은 어떤 목표를 향해 달려가고 있는가?

행복한 성공은 자신이 소중하게 여기는 무언가를 생각하고 그것을 위해 뛰어야 이룰 수 있다. 일·가정·재정·삶의 질적 향상 부분에서 나의 가족과 신념과 건강처럼 가장 소중한 것을 위해 뛰고 있다는 것을 확인하는 것은 스스로에게 정말 큰 힘이 된다.

인생에서 돈이나 명예보다 더 중요한 것이 바로 자신의 꿈이다. 그 꿈을 실현하기 위해서는 꾸준한 노력이 필요하다. 상황이 바뀌면 마음이 바뀌는 사람들이 많다. 하지만 꿈이 있고 목표가 있는 사람은 상황이 변해도 초심을 잊지 않는다.

항상 '과연 나는 내 꿈을 실현할 정도의 내공內攻을 쌓았는가?'라는 물음을 던지며, 자기 자신을 돌아보아야 한다. 그렇게 최소한 10년 이상은 한 분야에 집중하여 달려왔을 때, 비로소 '행복한 성공'이란 종착지에 도달할 수 있을 것이다.

행복한 성공의 법칙, 균형과 조화　02

HAPPY DREAM

진정한 행복은 무엇이고, 행복한 삶을 위해서는 어떤 조건들이 갖추어져야 하며 어떻게 사는 것이 행복한 성공을 이루는 삶인지 아래 그림을 통해 생각해 보자.

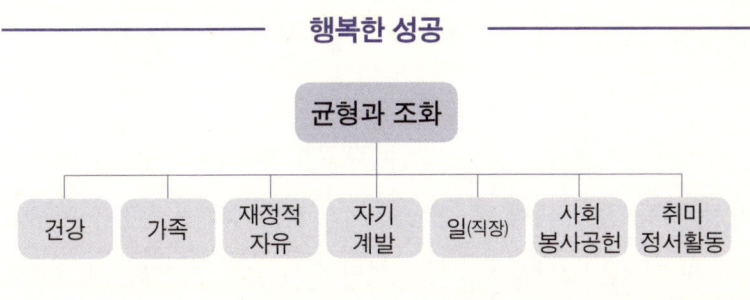

진정으로 행복한 성공자의 삶이란, 우리 삶의 주요요소인 '건강/가족/재정적 자유/자기계발/일(직장)/사회봉사공헌/취미정서활동' 등의 각 항목에서 균형을 잃지 않고 조화를 이루는 삶을 의미한다. 그러므

로 행복한 성공자가 되고 싶다면 각 항목별로 부족한 부분을 점검하고 개선하여 중하위 레벨인 항목을 상위 레벨로 끌어올려야 한다. 그렇게 해서 삶 전체가 골고루 균형을 잃지 않고 조화롭게 돌아갈 수 있도록 끊임없이 노력해야 할 것이다.

인생에 정설은 없다. 개개인마다 갖고 있는 '가장 바람직한 생각'으로 사는 것이 반드시 필요하다. 행복이란 어느 정도 생각하고 마음먹기 나름이기 때문이다.

행복을 크고 거창하게만 생각할 필요는 없다. 소소한 것에서도 얼마든지 행복을 발견할 수 있다. 하고 싶은 일을 찾아 그 속에 파묻힐 때 행복감을 느낄 수 있는 것이다.

이런 단순한 행복관을 가지면 현재의 사회적·경제적 지위에 관계없이 행복한 성공감을 느낄 수 있다. 분수를 알고 만족하며 그만둘 줄 알면 되는데 그게 생각처럼 쉽지 않다 하니 안타까울 뿐이다.

시간이 흐르면서 인류가 느끼는 행복도 변화와 발전을 거듭했다. 정치, 문화, 종교, 과학 할 것 없이 여러 분야에서 큰 발전을 이루어 냈으며 전에는 상상할 수조차 없었던 꿈의 세계가 이제는 현실에서 재현되고 있다.

그러나 그러한 변화와 발전의 이면에는 심각한 환경오염, 인간성 상실, 가치관의 혼란이라는 현대병들이 도사리고 있다. 경쟁 위주의 사회구조로 인한 심리적 불안정은 말할 것도 없고 각종 심인성 질환으로 몸과 마음까지 피폐해진 것이다.

 이 때문에 요즘 와서 유독 '삶의 질 향상'이라는 말이 많이 사용되고 있다. '삶의 질 향상'이란 한마디로 세속적인 출세가 아닌 '잘 살겠다'는 마음이며 행복을 추구하는 태도다. 겉멋이 아닌 인생의 질을 추구하고 남을 의식하기보다 내 삶에 충실하며 물질보다 정신적 가치를 소중히 생각하겠다는 마음이다.

 이를 위해서는 기본적으로 삶의 질을 결정하는 육체의 건강이 뒷받침되고 마음이 편안해야 한다. 육체가 아무리 튼튼해도 근심 걱정이 많으면 결코 행복할 수 없다. 또한 아무리 몸이 튼튼하고 마음이 편안해도 재정적인 자유가 없다면 현대사회에선 행복을 유지하기 힘들다.

 이처럼 전체의 균형 잡히고 조화로운 삶을 위해서는 스스로의 삶을 잘 조절해야 한다.

 자연의 모든 생명 활동들도 자연의 법칙을 지키기 때문에 질서와 조화가 유지되는 것이다. 반대로 무질서하고 조화롭지 못하면 혼란과 분쟁이 따른다.

 그러므로 건강은 건강대로 가족은 가족대로 챙기며 직장이나 사회 활동에서 이러한 원칙들이 제대로 지켜지도록 자신을 조절하고 긍정적인 생활습관을 길러야 한다.

 내가 지난 수십 년간 배운 것 중 하나는 아무도 일에만 매달린 나머지 자신의 건강과 가족을 잃어버린 사람을 본받고 싶어 하지 않는다는 사실이다. 사람들은 일뿐 아니라 모든 분야에서 균형과 조화를 유지하는 사람을 본받고 싶어 한다.

행복한 성공 역시 엄밀히 말하면 개인의 삶의 질을 개선하는 것이다. 육체적·정신적·환경적·재정적으로 웰빙 상태를 만들어 지금보다 한 단계 레벨 업level up 하여 삶의 질을 높이는 것이다.

좁은 의미의 행복한 성공은 개개인의 정체성 확립을 토대로 자기 삶의 주인이 되어 '스스로의 인생을 행복하게 창조할 수 있는가?' 하는 것이다. 그리고 넓은 의미의 행복한 성공은 '한 가족의 구성원으로서 자신의 뿌리와 몸담은 사회의 올바른 정신에 대한 제대로 된 자각을 하고 있는가?' 하는 것이다.

지금 우리에게 무엇보다 시급한 것은 인간성 회복과 올바른 가치관을 정립해 나가는 일이다.

사회나 자연의 모든 현상이 개별적인 것이지만 근본적으로는 모두 하나로 연결되어 있다. 사계절의 변화가 있고 그 속에 자연의 질서가 있듯이 행복한 성공은 건강한 몸으로부터 출발하여 편안한 몸과 마음, 화목한 가정, 재정적 자유는 물론이고 일과 직장에서의 사회적 성공과 꾸준한 자기계발, 이웃과 사회에 대한 봉사 등이 균형과 조화를 이루도록 하는 것이다.

이러한 행복한 성공을 이루는 법칙들을 이해하고 준비하여 실천하지 않고서는 행복하고 성공적인 삶을 유지할 수 없다. 다시 말해 행복한 성공을 이루려면 물질적인 부분과 정신적인 부분, 가정과 직장(사회), 나와 남, 마음과 육체, 내공과 외공, 부모와 자식, 나와 배우자 등 모든 부분에서 흐름이 자연스럽고 막힘없이 순환되어야 하는 것이다. 그래야만 전인적인 만족감이 높아지고 행복감을 극대화할 수 있다.

■■ 사람들은 왜 좋은 줄 알면서도 실천에 옮기지 못할까?

많은 사람들이 행복한 성공의 개념에 대해 호기심을 가지면서도 선뜻 성공을 위한 노력을 하지 못하는 이유는 내가 진정 원하는 것이 무엇이며 어느 정도 원하는지에 대한 정확한 개념이 부족하기 때문이다.

성공이라는 개념은 '자신이 선택한 분야에서 상당한 성과를 거둔 것'이라 할 수 있다. 이 성공을 쟁취하려는 사람은 많은 것을 희생해야 하고 오랜 기간 앞만 보고 달려가야 한다.

하지만 애들 잘 키우랴, 부부간에 금실 좋은 결혼생활 유지하랴, 직장에서 성공하랴, 재산 늘리랴, 좋은 인간관계를 위해 각종 모임에 참석하랴, 가정과 사회를 오가며 신경 쓸 일이 오죽 많은가? 몸이 열 두 개라도 모자랄 정도로 우리들의 삶은 결코 호락호락하지 않다.

그럼에도 인간이라면 누구나 삶의 주인공이 되고 싶어 한다. 사회에서 필요로 하는 사람이 되고 싶고 인정받는 사람이 되고 싶고 사람들로부터 대접받고 싶어 한다.

특히 우리나라 문화에서는 사회적 지위와 포지션 파워가 필요하다. 꽤 잘나가는 회사에 입사하여 그 회사가 필요로 하는 사람이 되어 자신의 자리에서 존재감을 느끼길 바란다. 그리고 거기에서 어떤 힘을 느낀다. 그러나 마음만 간절해서는 절대로 원하는 삶을 살 수 없는 것이 현실이다.

나도 마찬가지 상황이었다. 한 가지 다른 점은 나는 20여 년간 다음 단계에 대한 준비를 차근차근 해왔고 나름의 시행착오를 거쳐 조금씩 목표를 수정해 왔다는 것이다. 하지만 이렇게 노력해 왔음에도 최종 결정을 할 때는 앞으로의 변화에 대한 두려움이 컸다.

조금이라도 젊고 열정이 남아 있을 때 미리미리 준비하고 대비해 두어야 배짱 좋게 인생을 살 수 있다는 점을 깨달았다. 그렇지 않았다면 이토록 소중한 내 인생이 남의 손아귀에서 좌지우지되는 안타깝고도 비굴한 모습이 될 수도 있었을 것이다.

나는 아버지로서 또 남편으로서 실력이 없다거나 상황이 어쩔 수 없다는 등의 비굴해지는 모습만큼은 정말 보여주기 싫었다. 가족들에게 어쩔 수 없이 사는 비굴한 모습보다는 항상 당당한 모습을 보여주고 싶었다. 목숨과도 바꾸지 않을 마지막 하나를 지키고 싶었다.

그래서 언젠가 누구에게나 오는 그 기회를 위해 오랜 시간을 준비했다. 준비하는 동안 스스로에게 솔직해져야 했고 뼈아픈 반성의 기회를 가져야 했다. 생각 자체를 완전히 바꾸는 일이기 때문에 가족과의 충분한 대화와 동의를 얻는 과정도 필요하다.

사람에 따라 조금 늦든 빠르든 반드시 언제가 한 번은 기회가 온다. 그때 그 기회를 뒤도 돌아보지 않고 내 손아귀에 확 잡아넣어야 내 것이 된다. 기회는 왔을 때 잡으라 하지 않는가? 평소에 완벽히 준비를 해놓을수록 기회를 잡을 확률이 높아진다. 한 번뿐인 인생, 당당하게 살자. 세월이 흘러 후회하면 얼마나 아까운가.

여러분들은 지금 무엇을 준비하고 있는가!

03 인생 전반에 걸친 로드맵road map을 작성하라

HAPPY DREAM

성공하는 사람들은 늘 먼저 큰 그림을 그리는 반면에 실패하는 사람들은 생각 없이 바로 일에 착수하는 경향을 가지고 있다.

링컨은 "장작을 패는 데 쓸 수 있는 시간이 8시간이라면 나는 그중 6시간 동안 도끼날을 날카롭게 세울 것이다."라고 말했다. 링컨의 말을 명심하고 실천할 때 성공에 조금 더 가까이 갈 수 있다.

아주 작은 습관의 차이가 행복한 성공의 성패를 가른다. 우리의 인생은 그 설계와 디자인에 따라 전혀 다른 삶의 모습을 보여줄 수 있기 때문이다.

땅을 파고 씨앗을 심어야 할 때가 있는데 봄을 놓치면 여름에 비가 와도 꽃이 피지 못하듯이 먼저 땅을 파고 고르는 일부터 하고 난 다음에 씨를 뿌리고 가꾸는 일을 해야 한다.

도면도 없이 집을 짓다 보면 방향이 잘못되거나 허물어져 자신감과 자존감을 잃을 수 있다. 기초를 소홀히 하고 열매만 얻겠다는 마음가짐으로는 행복한 성공자가 되기 어렵다.

우선은 자신만의 행복한 성공의 모습을 그려야 한다. 언제까지? 어떻게? 왜? 해야 하는지에 대한 정확한 개념정리가 필요하다. 방향이 맞고 열정이 있다면 행복한 성공은 훨씬 빨리 올 수도 있으며, 또한 자신의 분수를 알고 만족할 줄 알면 언제 멈출지를 알 수 있다.

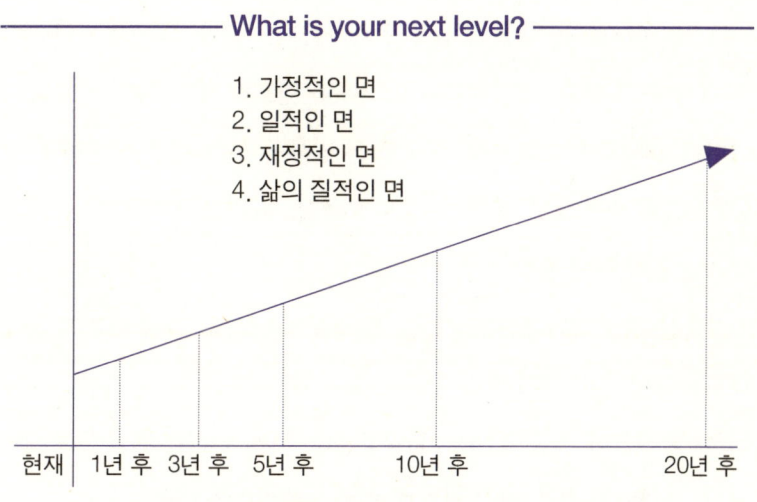

여러분이 만약 행복한 성공을 꿈꾼다면 먼저 전반적인 밑그림인 인생의 로드맵road map을 그리고 기본 설계도인 인생의 마스터플랜

master plan부터 짜라. 그리고 그것을 구체화하라. 이것이 선행되면 형식적인 계획에만 그치는 것이 아니라 자신이 짜놓은 대로 실행할 수 있으며 중도에 포기하지 않을 수 있는 구체적인 행동 매뉴얼이 만들어질 것이다. 이 플랜대로 몇 년 동안 실행해서 좋은 결과를 얻게 되면 강한 자신감까지 덤으로 가질 수 있다.

인생의 로드맵과 마스터플랜!
이것이 여러분을 행복한 성공의 자리까지 안내해 줄 내비게이션이 될 것이다. 또한 가는 길목마다 여러분을 인도해 줄 인생의 멘토들이 기다리고 있으며 그분들의 칼날 같은 리뷰를 통해 더욱 단단해질 것이다. 물론 스스로도 플랜에 따라 실행할 수 있도록 꾸준한 노력과 정열을 불태워야 한다.
여러분이 얼마나 많은 시간을 투자하여 인생을 리뷰하고 새롭게 재강화하면서 목적지에 도달하느냐, 이를 누구와 함께 리뷰하느냐에 따라 행복한 성공의 정도가 달라진다. 이제 여러분에게도 기회가 왔다. 당장 여러분 인생의 로드맵과 마스터플랜을 짜라.
그러면 이것이 바로 행복한 성공으로 가는 지름길이 될 것이다.

■ 전략 수립의 중요성

100m 단거리 달리기 선수와 42.195km 마라토너는 스타트 라인에

서부터 차이가 난다.

　올림픽에 참가한 100미터 달리기 선수 A와 B가 있다고 가정해 보자. A는 4년 동안 열심히 준비하여 금메달을 목표로 한눈팔지 않고 뛰었고 B는 3위 안에만 들면 된다는 생각으로 고개를 좌우로 돌리며 자기 순위를 확인하며 달렸다. 둘 중 누가 우승할 확률이 높겠는가? 당연히 A일 것이다.

　단거리 선수의 경우 임하는 각오와 출발선에서의 긴장 등 순간에 집중하지 않으면 그간의 시간들이 허송세월이 되어버린다. 목표가 가시적이기 때문에 짧은 시간에 집중해서 이룰 수 있는 결과에 목숨을 거는 것이다.

　반면 마라토너들은 먼 길을 가야 하는 나그네의 심정으로 신발 끈을 동여맨다. 장거리를 뛰어야 하는 이들에게는 스피치를 내야 할 때와 과감히 승부수를 던져야 할 때 등의 타이밍을 맞추기 위한 코스 및 레이스 전략이 중요하다.

　인생에는 이 두 선수의 전략이 모두 필요하다. 먼 길을 가야 하는 마라토너의 심정으로 중장기 계획을 수립하고 100미터 달리기 선수처럼 올인하는 자세로 집중하는 단기 전략의 수립도 중요하기 때문이다.

　보험영업도 우리네 인생과 똑같다. 보험업계 입문 후 초창기에 뛰어난 실적을 올리는 사람들이 참 많다. 높은 수입과 좋은 차를 몰고 때론 언론의 주목을 받기도 한다. 이러한 자신의 모습을 성공이라 믿어 얼마간은 우쭐한 기분이 들 것이다. 하지만 보험업계에는 진실이 하나 있다. "길고 짧은 건 시간이 지나봐야 안다."는 것이다.

우리 일은 잘하는 것도 중요하지만 오래오래 근무하는 것이 더 중요하다. 단 1%의 고객이라도 그 고객을 위해 일하겠다는 마음가짐과 장기간 근무할 수 있는 기틀을 다지는 것이 무엇보다 중요하다.

보험업계에서 성공한 사람들은 생명보험에 대한 뜨거운 열정과 남들보다 한 발 더 뛰는 부지런함으로, 세월이 지나도 끊임없이 행복한 성공을 위하여 자신만의 다음 단계 next level로 도전하는 사람들이다. 한때의 부귀영화가 영원히 계속될 것이라 착각하지 않고 시간이 흐를수록 자기관리의 프로가 되어 더 높은 삶의 목표를 추구하면서 삶의 질을 높여가는 사람들인 것이다.

마스터플랜master plan은 최소 단위로 세밀하게 짜라   04

HAPPY DREAM

사람은 누구나 현재보다 나은 미래를 꿈꾸며 열심히 살아간다. 꿈을 이루면 성공이라 일컫고 꿈을 이루지 못하면 실패라 일컫는다. 어느 누구도 실패하기 위해 열심히 사는 건 아닐 것이다. 그러므로 꿈을 이루기 위해서는 열심히 사는 것 이외에 좀 더 현명한 방법을 찾아봐야 한다.

큰 산을 오를 때는 보폭을 좁게 하듯이 인생의 큰 꿈을 이루려면 그 꿈을 구체화해야 달성하기가 쉽다. 최소 3년 또는 5년 단위로 계획을 세워서 1년 간격으로 갱신하며 추진하라. 5년 계획 하에 최소 3년 동안 집중한 사람들은 큰 성과를 이룰 수 있고 이런 사람들의 비전은 처음보다 더 명확하고 훨씬 더 의욕적이다.

가령 현금 10억 원을 모아 재정적인 꿈을 이루고 싶다면 우선 마음부터 다부지게 먹고 언제까지 모을 것인지 그 기간을 정하라. 10

년에 10억을 모으겠다고 생각했다면 1년에 1억씩 모으면 되므로, 다시 1억을 12개월로 나누고 저축이자까지 감안하여 적어도 한 달에 700~800만 원 정도는 저축할 수 있어야 한다.

부모에게 물려받은 것 없는 사람이나 특별하게 배운 것 없는 일반인들에게 10억은 과거에도 큰돈이었고, 지금도 평생 한번 만져보지 못하는 사람이 부지기수일 만큼 큰돈이다.

그럼 한 달 소득이 얼마 정도면 월 700~800만 원의 저축이 가능할까? 약 1,000만 원 정도면 가능하다고 볼 때 한 달은 4주다. 그럼 1주에 250만 원, 일주일에 5일간 일하니까 일당 약 50만 원이면 가능하다. 그럼 일당 50만 원을 벌기 위해서는 어떻게 하면 될까?

보험영업으로 따져보겠다.

영업의 성과가 보장성보험 수입보험료 기준으로 약 10만 원이라고 가정하면, 우선 10만 원의 수입보험료가 나오게 하기 위한 세일즈의 진행 상황을 철저하게 점검해 두어야 한다.

비가 오나 눈이 오나 아침에 출근하여 퇴근할 때까지 보장성보험을 매일 1건 이상씩 달성하여 매일 50만 원, 매주 250만 원, 매월 1,000만 원의 목표를 달성할 수 있도록 세일즈 프로세스의 각 단계별로 목표를 설정하여 그야말로 죽기 살기로 뛰어야 한다. 그렇게 10년만 고생하면 그토록 원하던 현금 10억을 모을 수 있는 것이다. 그러면 당신도 백만장자가 될 수 있다.

물론 이론처럼 쉽지는 않다. 이렇게 10년 동안 목표를 향해 달려가

노라면 힘이 들 때가 더 많을 것이다. 이럴 때 동료와 가족, 주변 지인들의 응원이 중요하다. 특히 가족의 전폭적인 지지를 받으면 큰 도움이 된다. 가족의 지지를 받는 사람들은 자신의 계획을 계발하고 더더욱 자신의 비전을 달성하는 데 전념할 수 있기 때문이다.

또한 인생의 동반자인 가족과 주위의 모든 사람들과 공유하면서 자신의 플랜을 추진할 수 있으며 모든 부문에서 앞서갈 수 있다. 비록 그 길에는 많은 혼란과 장애가 있겠지만 비전과 계획에 대한 집념은 그 길을 유지하는 수단이 될 것이다.

행복한 성공의 인자를 가진 사람들은 목적지에 도달하기 위해 과거 어느 때보다도 현재에 더욱 집중을 하게 되어 있다. 매일매일 가망고객을 A, B, C급으로 분류하고 마스터플랜을 수정·확인하면서 나날이 레벨 업이 되어가는 것이다.

이와는 반대로 2~3년 단위로 집중하지 않는 사람들은 포괄적인 라이프플랜을 짜지 않아 목적지에 도달하고자 하는 추진력과 동기, 흥미 등을 잃게 되어 정상궤도를 벗어나게 된다. 집중, 즉 포커싱이 되어 있지 않은 사람들은 더 이상 비전이 명확하지 않기 때문이다.

이렇듯 행복한 성공의 기본적 요소인 선택과 집중을 통해 우리는 한 단계 업그레이드된 다음 레벨로 나아갈 수 있는 것이다.

■ 마스터플랜은 어떤 기준으로 어떻게 나누는 것이 좋을까?

위에서도 말했지만 우리가 계획을 세우고 실행함에 있어 그 계획을 구체화하는 이유는 명확하다. 행복한 성공에 늘 관심을 두기 위해서이고 행복과 상관없는 시간을 없애기 위해서이며, 행복한 성공을 위해 투자되는 엄청난 시간과 노력과 자금을 절약하기 위해서다.

더 나아가서는 보다 큰 행복감과 긍정적인 태도를 계발하기 위해서다. 때문에 여러분에게 상당한 행복을 안겨줄 일에 집중하는 것이 무엇보다 필요하다.

마스터플랜은 '행복창출' 정도에 따라 구체화하는 것이 좋다. 다음과 같이 집중/선택/포기의 영역으로 나누어 보자.

- 집중 : 최고의 행복창출, 혹은 잠재적 행복창출 영역
- 선택 : 행복창출이 예상되는 일부 영역 선택
- 포기 : 대부분의 일상생활 영역

이렇게 세 영역으로 구체화함으로써 각자 어디에 시간, 자금, 에너지, 자신의 자질 등을 쏟아야 하는지 알 수 있다. 바로 '집중'의 영역이다.

반면 '선택'과 '포기'의 영역은 우선순위에서 '집중' 다음으로 놓아야 한다. 구체화 이전에는 그저 그런 일상생활로 인해 어떤 특정 영

역에 대한 집중도가 없다. 또한 모든 사람을 비슷하게 대하고, 행복창출 또는 잠재적 행복창출에 대한 강조나 차별화된 모습이 없다.

이 때문에 '포기' 영역에 엄청나게 많은 시간과 에너지를 소모하게 되어 쉽게 지치고, 무엇보다 자기 스스로가 깔끔하게 정돈된 전문가나 행복한 성공자처럼 느껴지지 않는 것이다.

이러한 구체화 노력을 통해 최고의 행복창출 영역과 잠재적 행복창출 영역에 대해 집중함으로써 고부가가치의 삶을 누릴 수 있게 되는 것이다.

프로는 쓸데없는 행동을 하지 않는 사람들이다. 해야 할 것에 집중하여 최고가 되는 사람들이다. 여러분도 프로와 같이 최고의 행복창출 영역에 집중한다면 경제력, 사고방식, 긍정적 생활습관 등이 강화되어 행복한 성공으로 나아가게 될 것이다.

기억하라. 지금보다 향상된 다음 단계의 삶을 얻기 위해서는 행복창출 영역에 집중하여 마스터플랜을 더욱더 구체화하고 반복 또 반복하여 실행하는 것이 무엇보다 중요하다는 것을.

간혹 여러분 중에는 남들보다 스트레스 좀 덜 받으면서 빠르게 성공하는 방법을 찾고 있는 사람도 있을 것이다.

내가 여러분들과 나눌 수 있는 것은 내가 잘하고 있는 것들이다. 어떤 이들은 나를 보며 조용하고 꾸준하고 고집이 세다고 말한다. 이런 특성들은 삶의 방식과 일의 방식에 대한 선택의 결과물이다. 우리는 모두 삶의 방식과 일하는 방식을 각자 선택한다. 우연히 오는 것은 없다. 우리는 우리가 어떻게 살 것이며 어떻게 일할 것인지를 선택한다.

나의 경우를 예로 들면, 일을 할 때 건전한 업무 방식이 건전한 삶의 방식을 이끈다는 사실을 깨달았다. 해야 할 일을 마치지 못하면 다른 일을 하지 않았다. 남에게 경제적으로 진 빚은 빨리 갚는 것을 최우선으로 하여 마음 편히 살아왔다. 가급적이면 남에게 피해를 주지 않으면서 스스로 문제를 해결하기 위해 항상 노력했다.

내가 만약 대학 시절에 기숙사 생활을 하면서 방학 때마다 사상공단의 신발공장에서 아르바이트를 하지 않았다면 나는 대학을 졸업하지 못했을 것이다.

내가 만약 배를 타지 않았다면, 27세의 나이에 부모님이 진 빚을 다 갚고 나의 재산목록 1호이자 첫 번째 집인 28평 아파트도 사지 못했을 것이다. 내가 만약 보험회사에 입사하지 않았더라면 행복한 성공의 기틀을 마련하지 못했을 것이다.

그리고 줄곧 나는 젊은 시절부터 시작하여 삶을 살아가는 동안 가치 있는 지혜와 기술들을 배워두었다. 이런 나의 개인적인 경험과 몇 가지 지혜가 여러분들이 인생을 준비함에 있어서 조금이라도 도움이 되기를 바란다.

05. 인생이 행복해지는 시그모이드 sigmoid 이론

HAPPY DREAM

"행복한 성공을 위해서는 새로운 S곡선이 필요하다."

개인이든 기업이든 시작과 끝이 있는 모든 것은 도입기, 성장기, 성숙기, 쇠퇴기를 거치며 소멸해 간다. 이런 과정을 수학이론에서는 '시그모이드 곡선'이라는 용어로 설명하는데 생명주기곡선 또는 S곡선이라고도 한다.

성장곡선은 도입기에는 느린 속도로 움직이지만, 일단 성장궤도에 진입하면 빠른 속도로 움직이다가 성숙단계에 이르면 다시 속도가 느려진다. 이때 새로운 동력을 찾지 못하면 소멸하고 만다. 어떻게 보면 사람의 인생과도 비슷하다.

『세상을 움직이는 100가지 법칙(이영직 저)』이란 책 중에 내가 항상 관심을 갖고 있던 시그모이드 곡선을 우리의 인생과 빗대어 설명해 놓은 글이 있어 잠시 소개하고자 한다.

시그모이드 곡선

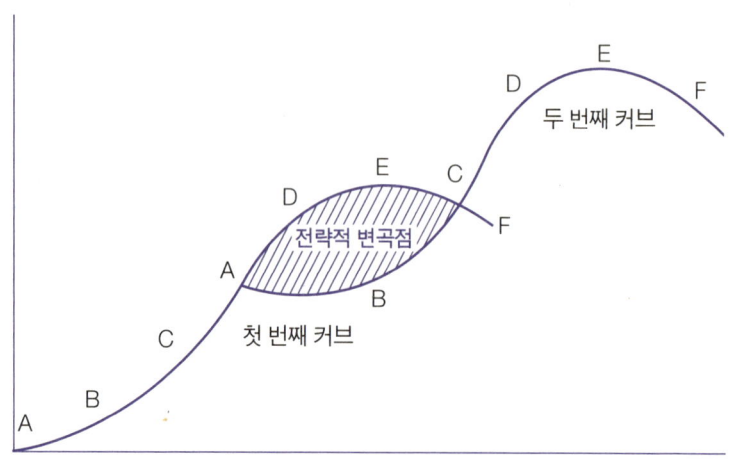

A-활동시작, B-활동전개와 초기성장, C-견실한 성장, D-활동성숙,
E-정상에 도달, F-활동탈선을 나타낸다.
그리고 다시 시작한 두 번째 곡선은 새로운 시작을 의미한다.

■■ 시그모이드 곡선과 인생

시그모이드 곡선은 우리의 인생을 나타낸다. 이 곡선이 처음 밑에서 시작되듯 우리 인생도 처음에는 밑에서 시작하여 자라면서 점점 곡선을 타고 올라간다. 그리고 결국 인생의 황혼기를 맞아 다시 곡선을 타고 내려오며, 세상 모든 일이 그러하듯 내리막에서 끝이 난다.

이 곡선은 롤러코스트를 타는 것과 비교될 수 있다.

A-처음에는 차가 서서히 올라간다. B-오르막은 가파르고 천천히 간다. C·D·E-차가 정상에 도달하고 모든 세상이 다 보일 때 사람들은 웃음 짓고 경험의 절정을 즐긴다. F-그 후에는 갑자기 정상을 넘어 휙 내려간다. 그러고는 비명이 시작된다.

많은 사람들이 오늘도 롤러코스트를 타고 밑으로 떨어지는 경험을 하고 있다. 그들은 자신의 분야에 숙달되면서 성공을 즐기다가 갑자기 난관에 부딪혀 인생에서 추락하거나 건강이 악화되고 가정이 행복하지 않음을 발견하게 된다.

이와 같은 추락, 즉 F를 피하기 위해서는 D에서 요구되는 재생을 미리 시작해야 한다. 그리고 D에서 다시 새로운 S곡선(성장곡선)을 시작해야 한다. 또한 E에서의 침체와 F에서의 하락을 미리 파악하고 피하기 위해서는, 원래의 S와 새로운 S곡선이 겹쳐질 때의 정신적, 육체적 고통을 잘 견뎌내야 한다.

행복한 성공을 위해서는 반드시 새로운 S곡선이 필요하다. 그렇지 않으면 다음 단계의 행복한 꿈을 이루지 못하기 때문이다.

인생의 다음 단계로 가기 위해서는 하향곡선을 그리기 전인 D지점에서 새 S곡선을 그리기 위한 성장전략을 반드시 찾아야 한다. 하지만 대부분의 사람들은 D지점이 아닌 E, F지점에서 자신이 처한 상황의 심각성을 인식하곤 한다.

이 D~F 사이의 구간을 '전략적 변곡점'이라 하는데 변곡점이란 성장기와 성숙기 사이에 존재하는 점으로 성장세가 둔화되기 시작하는 시점을 가리킨다. 이때 개인의 판단에 따라 다음 단계로 갈 수도 있고, 새로운 성장전략을 찾지 못하면 현상유지 혹은 쇠퇴의 길을 걷게 되는 것이다.

따라서 행복한 성공의 길로 가기 위해서는 라이프 사이클의 S곡선 패턴을 인지하고 다음 단계로 가기 위한 전략을 미리미리 짜야한다. 개인이든 기업이든 정점에 오르기 전에 새로운 곡선을 그려야 한다는 것이 키포인트다.

두 번째 시작이라 쉽지 않고 오히려 약간의 하락과 불안도 감수해야 한다. 그러나 그런 불안을 이겨내는 개인과 기업만이 새로운 상승곡선을 그릴 수 있는 것이다.

또한 과거와의 단절을 통해 미래를 창출하며 행복한 성공의 인생으로 가기 위해서는 끊임없이 공부하고 투자해야 한다. 특히 우리들이 늙어가는 2~30년 후인 평균수명 100세 시대에는 준비된 사람만이 행복한 성공을 누릴 수 있다.

나 역시 보험영업 25년 동안 끊임없이 이 이론을 내 삶에 적용했다. 나는 해상근무에서 육상근무로, 다시 3단계의 인생으로 나아가기까지 25년이 걸렸고 지금도 다음 단계의 인생을 구상 중이다. 이처럼 나는 위기와 기회가 동시에 기다리고 있는 변곡점에 이를 때마다 미리미리 준비하고 대비하여 위기를 기회로 바꾸어 나가고 있다.

행복한 성공을 위해서는 자기 자신의 변화로 남은 인생을 효율적이고 즐겁게 살기 위해 준비하고 실행에 옮겨야 한다. 프랑스의 철학자 사르트르는 "Between Birth and Death there is always a Choice(삶과 죽음 사이에는 선택이 항상 있다)."라고 했다. 어차피 인생이 선택의 연속이라면 도달하지 못할 꿈에 좌절하는 대신 배짱 좋고 마음 편히 사는 방법을 찾아 일찍부터 떠나보는 것이 더 바람직하지 않겠는가.

06 어제를 돌아보고 내일을 꿈꾼다

HAPPY DREAM

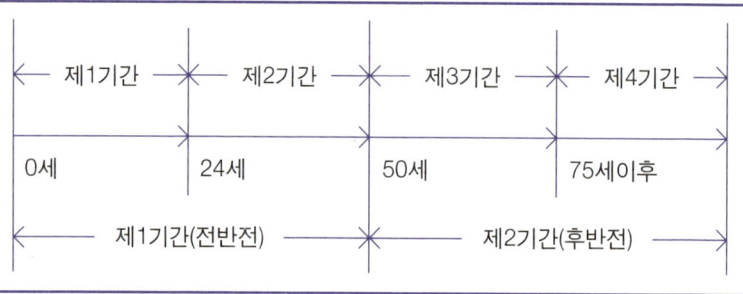

내 인생 전체를 4기로 나누어 보았다.

1기는 태어나서부터 대학졸업(24세) 때까지로, 이 시기는 부모의 도움을 받은 시기였다. 2기는 왕성한 사회활동을 했던 시기다. 항해사를 거쳐 보험회사에서 탁월한 실적을 냈고, 가족과 일을 위해 앞만 보고 치열하게 달려온 시기다. 3기는 지금부터 75세까지로 보고 있다. 아들들의 결혼과 손자들의 재롱이 기다리고 있는 시기일 것이다. 4기는 75세 이후의 삶을 말한다. 하루의 일과를 규칙적으로 하며, '행복을 꿈꾸는 사람들의 모임' 연구소에서 젊은이들과 정열적으로 토론하는 모습을 상상해 본다.

찬찬히 어제를 돌아보고 내일을 꿈꾸면서 나 자신에게 말해 주고 싶다. "지금껏 열심히 살아왔고 죽을 때까지 최선을 다할 것이다. 그래서 지금도 행복하다!"라고.

■■■ 1기(졸지에 가장이 되다!)

비가 억수같이 쏟아지는 여름 장마철이었다. 그날도 밤늦게까지 공부한 탓에 누가 업어 가도 모를 정도로 깊이 잠이 들었다.

"호야!"

문득 잠결에 어머니가 절규하듯 부르는 소리가 어렴풋이 들려왔다. 꿈인지 생시인지 분간이 안 되는 상황에서 훤히 밝아지며, 내 몸이 하늘로 붕 치솟아 오르는 느낌이 들었다. 순간 눈을 뜨니 아비규환이 따로 없었다. 사람 살려 달라는 고함소리에 비명소리에….

부지불식간에 뻘물에 떠밀려가다가 깨어나니 수재민 천막이었다.

고2 때 겪은 부산 문현동 산사태의 중심에 우리 가정이 있었다. 내 친구 경태 어머니를 비롯해 20여 명이 사망 또는 중경상을 입어, 인명피해뿐 아니라 엄청난 재산상의 손실을 가져다주었다.

당시 아버님은 교사로 근무하시다가 할아버지로부터 물려받은 시골의 논밭을 팔고 전 재산을 털어 당시 최고 인기였던 농협직매소 허가권을 받아 사업을 시작한 지 얼마 안 되던 때였다. 창고에는 그때 돈으로 몇 천만 원에 해당하는 쌀과 밀가루, 콩 등의 농산물이 빼곡히 쌓여 있었다. 전부 외상으로 판매한 후에 결재를 하는 방식이었다.

문현동 산사태 이후로 우리 집의 모든 방향이 틀어져 버렸다. 아버님은 졸지에 한창 혈기왕성한 40대 초반의 나이에 충격으로 몸져누우시고, 그 후 5년간 병상에 누워계시다 끝내 일어나지 못하시고 돌아가셨다. 최 부자로 통하던 외가댁의 맏딸로 고이 자란 어머니와 학생이던 우리 3남매 그리고 빚만 남긴 채 그렇게 가셨다.

그때 나는 고등학교 2학년이었는데 공부하던 책이며 입던 옷 등 모든 것을 잃어버리고 수재민 천막에서 생활하며 학교생활을 해야 했다. 어떡하든 장남으로서 어머니와 어린 두 동생을 보호하고, 집안을 일으켜야 한다는 사명감과 책임감이 다가왔다. 지나고 보니 이때가 나도 사춘기였던 것 같다.

당시 상황으로는 군 면제를 받고 재학 4년간 학비와 기숙사 혜택이 주어지며 졸업 후 안정된 진로가 보장되는 대학교가 아니라면 그 길로 학업을 포기하고 생업에 뛰어들어야 했다. 그래서 이를 악물고 공부하여 육군사관학교, 한국항공대학교, 한국해양대학교, 세무대학 등 특차와 1·2차까지 시험을 칠 수 있는 곳이면 다 쳤다.

그런 상황에서 가장 최선의 선택이 한국해양대학이었다. 부산에 살면서도 이 대학이 부산에 있는 줄도 몰랐었는데 그만큼 한국해양대학교 입학은 어릴 때부터 꿈이었던 교사와 교수를 캡틴과 파일럿으로 바꾸어버린 내 인생의 일대 혁명이었다.

이 사건을 계기로 나는 가장으로서의 책임감을 뼈저리게 느끼게 되었고 앞으로 어떠한 일이 있어도 재정적인 문제로 인해 나와 가족들, 나아가서는 내 자식들의 미래까지 바뀌는 상황만큼은 만들지 않겠다고 다짐하고 또 다짐했다.

그러고 보면 이때부터 불의의 사고에 대비한 보험의 절실함을 뼈저리게 깨닫고 제2의 인생을 살게 해준 보험 일에 종사하게 되었는지도 모르겠다. 어찌 되었든 지금도 장마철이 되면 그때의 악몽이 떠올라 물 피해가 가장 적은 아파트 꼭대기 층만 골라 살고 있다.

그렇게 방황의 청춘기를 거치면서 대학 3학년 때 아내를 만나게 되었다.

2기 (결혼과 보험 입문)

스스로 판단하기에도 나는 최악의 조건을 가진 신랑감이었다.

일찍 아버지를 여의어 어머님을 모시고 살아야 하고 시집이나 장가도 안 간 다 큰 동생들까지 보살펴야 했다. 경제적으로도 아무런 준비가 안 되었을뿐더러 가족을 남겨둔 채 배를 타고 떠나야 하는 상황이었다.

누가 귀한 딸을 이런 가정에 시집을 보내려고 하겠는가? 무거운 마음에 눈치만 보며 사랑고백 한번 제대로 못했던 나였다. 거절 당할까 봐 두려웠고 이런 상황을 설명하고 일일이 동의를 구해야 하는 과정 자체가 너무 힘들어서였다.

  그런 나를 아내가 포근히 감싸 안아주었다. 생고생할 줄 뻔히 알면서도 오직 사랑 하나로 그 좋은 혼처 다 마다하고 나와 함께하는 미래를 택한 것이다.

  착한 아내는 '몸 건강하니 둘이서 성실히 맞벌이하면 어느 정도 경제적인 문제는 해결될 것이고, 몇 년 후면 동생들도 시집 장가 갈 것이며 어머님은 당연히 우리가 모셔야 한다. 또 당신이 배 타고 나가면 외로울 텐데 가족들과 함께 생활하니 오히려 잘됐다'며 나에게 용기를 주었다. 초승달도 시간이 가면 보름달이 되듯이 가난한 우리들도 부자 될 날이 있을 거라며 서로를 위로하며 다짐했었다.

  문제는 처가의 허락이었다. 자신이 알아서 하겠다는 아내의 만류를 뿌리치고 남자답게 장인어른을 뵙고는 자초지종을 아뢰고 결혼 후의 청사진을 말씀드렸더니, 기가 차신지 아무 대꾸도 없으셨다.

  "저 혼자만의 욕심으로 결혼승낙을 받겠다는 건 아닙니다. 따님은 제가 처한 조건보다 저를 먼저 이해하고 믿어주었습니다. 물론 저는 장남으로서 책임이 큽니다. 동생들도 우애 있게 보살펴야 하고 어머님도 모셔야 하기에, 대단히 고생스러울 수도 있습니다. 하지만 반드시 따님을 행복하게 만들어 드리겠습니다. 지금은 비록 가진 것이 없어 보여드릴 것이 없지만 살아가면서 몸으로 하나하나 보여드리겠습니다. 반드시 따님을 벤츠에 태우도록 하겠습니다."

  남자다운 패기가 통했던 것일까. 우여곡절 끝에 장인어른의 결혼승낙을 받은 후 우리의 결혼은 일사천리로 진행됐다. 한 번 더 일을 하러 나갔다가 귀국하면 결혼식을 올리는 것으로 하고 나는 다시 승선근무를 위해 출국했다.

한국해양대학을 나와 배를 탄다는 사실만으로도 결혼을 허락하지 않았던 장인어른의 영향으로 나는 일찍부터 파일럿이 되겠다는 꿈을 버리고 육상근무에 대한 고민을 하게 됐다.

그동안 동지상선 SANKO LINE, 수일해운 Hellespont shipping co.에서 벌크선과 크루드오일탱크 crude oil tanker선을 타고 3등 항해사와 2등 항해사 직무를 수행하였다. 이란과 이라크 분쟁 당시 원유수송선을 타고 유서를 쓴 채로 넘나들었던 호르무즈 해협을 비롯하여 파나마 운하, 수에즈 운하, 케이프타운을 돌고 도버해협, 지중해, 카리브 해 등 오대양 육대주 세계 약 27개국을 다녔다. 승선 중에 폐결핵을 앓기도 했고 태풍의 영향으로 일본 입항이 늦어져 결혼식을 일주일이나 연기하게 되었던 일 등이 기억난다.

사실 난 복 받은 사람이다. 사회적으로는 외모나 학력이 남부럽지 않아 직장에서 인정받고, 가정에서는 엄마로서 아들 둘을 잘 키우는 데다 맏며느리로서 남편의 동생들 시집 장가 다 보내고 시어머님을 마지막까지 편안히 모신 우리나라 최고의 내조자가 바로 내 아내이기 때문이다.

결혼 이후 군 면제를 받기 위해 의무 승선기간을 채워야 했다. 그 땐 아내가 아이를 임신한 사실도 모른 채 출국을 했었다. 사랑하는 여인의 가슴에 씻을 수 없는 멍에를 짊어지게 한 것이다. 마지막 의무 승선기간을 채운 후 1년하고 7개월 만에 귀국해 보니, 큰 아들이 보행기를 타고 쌩쌩 날아다닐 정도로 훌쩍 커 있었다.

그때를 생각하면 사는 동안 다 갚지 못할 큰 빚을 졌다는 생각만 든다. 두 사람이 뿌린 사랑의 씨앗을 혼자서 10달 동안 정성껏 키우고 이틀이나 극심한 산고를 겪다가 제왕절개로 낳은 후, 아기와 단 둘이 병실에 누워 있는 아내의 모습은 지금도 상상하는 것조차 미안할 뿐이다. 옆 침대에선 "아기 이름을 뭐라 지을까?" "뭐가 먹고 싶으냐?" "고생했다, 축하한다!" 등 다른 산모에게 위로와 축하가 쏟아지고 있었을 텐데 아내는 혼자서 얼마나 쓸쓸했을까….

아내도 아내지만 아빠의 축하가 빠진 생일을 여러 번 보낸 아이에게도 너무 미안했다. 그때의 상황을 떠올리면 가슴이 짠하고 눈물이 나오려고 한다. 어찌 보면 이러한 아픈 경험들이 나로 하여금 가족의 소중함을 일찍부터 깨닫게 해주고 모든 일의 최우선에 가족을 두게 한 것인지도 모른다.

당시 나와 아내는 다시는 이런 아픔을 겪지 말자며 다짐 또 다짐했다. 사랑하는 사람과 행복하기 위해 결혼을 했지, 청춘을 돈과 바꾸는 선상생활과 결혼한 것은 아니지 않은가. 이후부터 나는 자식 교육을 위해 떨어져 있는 기러기 가족을 볼 때마다 참 안타까운 마음이 든다. 누가 나의 자식교육을 대신해 준단 말인가? 나도 2년간 주말부부 생활을 해봤지만 도저히 못하겠어서 최고의 지점에서 최악의 지점으로 자원하여 가족과 함께 살았다.

그렇게 내 청춘의 한 페이지를 장식했던 해상근무를 끝내고, 보험회사 입사 후 오늘날에 이르렀다. 그리고 지금껏 내 인생은 멈추지 않고 계속 진행형이다.

처음 보험 일을 시작할 때는 이래저래 갈등도 많았다. 그렇지만 괜한 자존심만 앞세우다가는 아무것도 안 되겠다는 판단을 내리고 직접 부딪치기로 했다. 내게는 흔히 말하는 백도, 실력도 없었다. 하지만 젊음이 있었다. 또한 나에게는 어느 누구에게도 보여주지 못한 열정과 성실함이 있었다. 믿을 것은 이 열정과 성실함뿐이었다.

그렇다면 답은 정해져 있는 것이었다. '남들이 꺼리는 일부터 몸으로 부딪쳐 나가자.' 그래서 결정한 선택이 보험영업이었다.

보통 해양대 동기생과 선배들은 해운 관련회사에 취직을 하는데 나는 그렇게 하지 않았다. 관련회사에 근무하다 보면 아무래도 다시 배를 타는 생활로 돌아가기 쉽다. 실제로도 살다가 힘들고 어려워지면 그것을 극복할 생각보다는 배로 되돌아가는 사례를 많이 보아왔다. 이 때문에라도 나는 이번 기회에 완전히 해운 관련분야를 벗어나 육상에서 자리 잡고 싶었다.

'그래, 남들이 뭐라든 나는 내 길을 간다. 한 번 사는 인생 후회 없이 살자. 설령 후회하더라도 하고 싶은 것 하고 후회하면 아쉬움도 덜하지 않겠는가. 맨 밑바닥이면 어때. 여긴 결승선이 아니라 출발선일 뿐이다. 천 리 길도 한 걸음부터고 시작이 반이다. 시작이라도 제대로 해야 반이라도 건질 수 있다. 그래, 한번 해보자. 이경호 파이팅!'

스스로에게 다짐하고 또 다짐하며 각오를 다졌다. 석양이 질 무렵 금정산 꼭대기에 홀로 앉아 부산 시내의 야경을 바라보았다. 그런데 자세히 보니 움직이는 차부터 시작하여 불이 하나씩 켜지는 집, 그 집들이 들어서 있는 땅까지 이 모든 것들 중에 '내 이름'으로 된 것이 단 하나도 없었다. 나는 크게 심호흡을 했다.

'이제부터 시작이다. 내 재산목록 1호부터 만들어 가자. 그리고 오늘을 기억하자. 눈앞에 아른거리며 잡힐 듯 말 듯 뭔가가 될 것 같다는 느낌, 그 느낌을 잡자! 그게 꿈이자 목표다. 그리고 최선을 다해 뒤도 돌아보지 않고 달려가는 거다. 사랑하는 가족을 위해!'

이때부터 나는 내 인생의 버킷리스트를 작성하기 시작했다. 이런 생각으로 시작한 지가 엊그제 같은데 벌써 25년이 흘렀다. 그 사이 열심히 일한 덕분에 한국해양대학 출신 최초로 보험업에 진출하여, 당시 「일요신문」에 '마도로스 출신 보험왕 되다'라는 기사의 주인공도 될 수 있었다. 그때 내가 했던 인터뷰가 생각난다.

"보험영업 분야에서 성공한 사람은 어떤 일에도 성공할 수 있다고 생각한다. 일은 정말 고되지만 그만큼 결과에 대한 성과 보상은 상상을 초월한다. 그만큼 나는 보험영업이라는 직업이 늘 자랑스러웠다."

지금 나는 정말 만족한다. 금정산에 올라 이를 악물며 다짐했던 일들과 버킷리스트의 대부분을 이루었고 가장으로서의 책임 또한 완수할 수 있었기 때문이다.

누구나 인생에서 혹독한 시련의 겨울을 지나게 된다. 나는 어린 나이였지만 그 나이 또래의 평범한 친구들과는 다르게 여러 가지 힘든 경험을 함으로써 용기와 배짱이 있는 젊은이로 성장할 수 있었다.

하늘을 향해 원망도 하고 절망도 많이 했다. 하염없이 눈물도 참 많이 흘렸다. 지금은 지나간 추억이지만 당시에는 참으로 힘들었다. 그러나 나는 꿈과 희망을 버리지 않고 오뚝이처럼 다짐하며 일어섰다. 그런 힘을 낼 수 있는 데에는 어머님과 아내의 힘이 컸다.

내 인생이 송두리째 무너져 내릴 것 같은 순간, 그 순간순간들이 모여 나는 더욱 더 단단하고 멋있게 성장할 수 있었다. 시련과 고통의 순간이 바로 내 성장의 디딤돌이 된 것이었다.

추운 겨울이 닥쳤을 때 자기에게만 오는 고통이라 생각하고 주저앉는다면 결코 성장할 수 없다. 어려움을 견디고 이겨 나가야만 다음 어려움이 왔을 때 더 단단한 모습으로 성숙해질 수 있다.

"게으름 부리지 않고 맡은 일에 최선을 다하면, 우리는 날마다 조금씩 더 나아지는 방향으로 가게 될 것이다!"

이 사실을 잊지 말아야 한다. 그러면 당신도 행복할 자격이 있다.

나는 지금까지 3등 항해사로 시작하여 보험회사 말단 사원에서 본부장으로, 다시 행복한 성공의 전도사로 변신 중이다. 앞으로도 나는 나와 우리 가정, 더 나아가 내가 속한 조직과 회사의 발전을 위하여 내가 할 수 있는 일을 다 할 작정이다. 더불어 이 땅의 젊은 후배들을 위한 도움과 투자도 아끼지 않을 것이다. 나보다 훨씬 뛰어난 자손들과 후배들을 보는 것이 또 하나의 꿈이기 때문이다.

3기(인생의 수확기)

　지천명知天命을 넘긴다는 것은 공자처럼 하늘의 뜻을 알지는 못해도 인생을 어느 정도 달관할 수 있다는 뜻이다. 많은 기대를 하지 않게 되고 최선이 아닌 차선이나 혹은 그 다음의 길도 담담하게 선택하게 되는 나이가 바로 지천명이다.
　나는 기회가 있을 때마다 '멋있는 할아버지'가 되고 싶다는 생각을 했다. 멋있게 늙어가는 일에도 준비가 필요하다. 어린아이가 어른이 되듯이 제3, 제4의 인생을 멋있게 살려면 지금부터라도 차근차근 준비해야 한다.
　물론 준비했다고 해서 모든 것이 그 계획대로 되는 것은 아니다. 100퍼센트 완벽하게 계획대로만 사는 사람이 어디 있겠는가. 나만 해도 꼭 되었으면 좋겠다는 바람이나 자식과 형제, 경제적인 희망사항들이 사사건건 어긋나기도 했다. 실망도 많이 하고 좌절도 많이 했지만 거기에서 배운 것이 바로 작은 것에도 만족하고 감사하며 사는 것이었다.

　성공은 한때다. 잘나갈 때 떠나는 것이 결코 쉽지 않겠지만 때가 되면 떠나야 한다. 지금까지의 성취가 마치 영원할 것처럼 착각하면 안 된다.
　최고가 되는 일은 나쁘지 않다. 다만 직장생활을 하다 보면 출장이나 회의, 저녁약속 등을 거절하지 못해 가족에게 소홀해지기 마련이다. 성공에 대한 욕구가 지나쳐 집착하게 되고, 자신도 모르는 사이 이기적이 된다.

그래서 나는 내 운이 다한 메트라이프를 떠나기로 결심했다. 오늘날 메트라이프 생명보험 부산본부는 지난 세월 동안 내 손으로 직접 밑바닥부터 일궈온 나의 신념과 열정, 풍부한 현장경험의 산물이다.

1988년 교보생명에 신간부 1기생으로 입사하여 매니저 트레이닝 과정을 거쳐, 1990년 메트라이프 생명에서 여직원 한 명과 출발했다. 그 후 신규지점(부산지점) 오픈, 교육과장, 지점장, 본부장 등을 거치면서 새로운 영업기록을 달성하였고 수많은 보험영업 성공자들을 배출했다. 지금은 라이나 생명에서 변함없는 보험영업인으로 현장을 뛰며 후배분들에게 행복한 성공의 꿈과 희망을 전하고 있다.

나는 아직 늙지 않았다. 기껏해야 50대 초반이다. 삶의 활력도 그대로이며, 오히려 젊었을 때보다 세상의 변화에 관심도 더 많다. 앞으로 20년은 더 건강하게 역동적으로 살 자신도 있다.

지난 25년여 간 해왔던 일을 계속할 생각은 없지만 그렇다고 세상의 뒷전에 앉아 세월을 보내고 싶지도 않다. 이 때문에 그동안 걱정도 많았다. 일과 가족, 그리고 나의 미래에 대해.

그러나 한편으로 나는 행복하다. 부모님보다는 훨씬 유복하고 집도 있고 꽤 높은 보수도 받았고 적지 않은 혜택도 누렸다. 틈틈이 여가시간도 많이 가졌고 시간을 유용하게 쓸 수 있는 취미와 오락거리도 많이 가지고 있다. 무엇보다 나는 남에게 갚아야 할 빚이 없다. 내 아이들도 내가 아이들 나이였을 때는 감히 상상도 못했던 많은 혜택을 누리고 있다.

나는 열심히 내가 속한 조직에 충성했고 그 결과 나름대로 최고의 자리까지 올랐다. 하지만 지금의 위치를 계속 유지하려면 지금까지 해왔던 것처럼 헌신하고 또 최선을 다해야 한다. 그러다 보니 많은 것에 회의를 느꼈던 것 같다.

나는 진정 언제까지 여기에 머물 것인가? 노력에 대한 정당한 평가는 받고 있는 것인가? 계속 이렇게 살다가 수많은 보험업계 선배들처럼 그렇고 그런 빤한 길을 가는 것은 아닌가? 나는 그런 사람들과는 차별화되고 싶다. 당연히 나는 다른 사람들과 생각이 다르고 살아가는 방식과 가치관이 다르다.

간혹 주변에서 생각이나 행동이 남보다 빠르고 앞선다는 이야기를 듣곤 했다. 사람들은 내가 어떤 결정을 하면 처음엔 왜 그런 결정을 했느냐며 이해를 못했지만 차츰 시간이 지나면서 내가 선택했던 그 길이 옳았음을 이해하고 항상 쫓아왔다. 그것이 나의 강점이었다.

지금도 뭔가 심상치 않은 일이 일어나고 있다. 어쩌면 내 인생 최대의 선택의 순간에 서 있는지도 모른다. 정확하게 미래를 예측하고 철저한 준비와 실행만이, 나의 가치를 최고로 만들어 줄 것임을 잊지 말아야겠다.

4기 (인생의 황금기)

　가끔 세속적인 성공보다 이상을 소중히 여겨, 돈도 명예도 포기하고 자신의 꿈을 좇는 행복한 성공자들의 모습이 아주 멋져 보였다. 그래서 남몰래 현재 나의 재정 상황을 계산해 본 적도 있다.

　나는 지금부터라도 남은 삶을 인생의 황금기로 만들고 싶다. 매일 매월 쫓고 쫓기는 영업경쟁과 목적달성을 위한 모략과 술책, 건수와 보험료, 유지율·정착율, 리쿠르팅과 고객만족 등의 단어에서 벗어나야 한다. 그러려면 직장을 그만두거나 일을 줄여야 한다.

　하지만 아직 은퇴하기에는 젊고 일을 그만두고 싶은 마음도 없다. 목숨 걸고 열심히 해도 잘될까 말까 한 세상에서 일을 줄인다는 건 말이 안 된다. 특히 내 직업의 특성상 일을 줄이며 성공한다는 건 엄두도 못 낼 일이다. 아니면 대부분의 직장인들이 고민하는 것처럼 50대 중반까지 몇 년을 더 참고 견뎌야 하는데, 그렇게 되면 새로운 일을 시작할 에너지가 많이 떨어질 것 같다.

　참 쉽지 않은 결정의 순간만이 남아 있다. 단순히 돈을 더 벌기 위해서가 아니라, 이제부터는 뭔가 스스로에게 가치 있는 일을 해야 한다. 그 일은 지금까지 직장과 가족 부양으로 억눌려 하지 못했던 내면의 내가 기뻐서 하는 일, 하고 싶어서 하는 일, 연봉 1~2억 원을 준다 해도 바꾸지 않을 일이어야 한다. 또한 후배들에게 실질적인 도움을 주고, 나의 경험을 필요로 하는 사람들과 공유할 수 있는 일이기를 바란다.

지금까지는 성공을 추구하며 목숨 걸고 앞만 보고 달려왔지만, 이제는 뭔가 내가 원하는 나의 삶, 내가 선택한 인생을 살고 싶다. 지금껏 시간이 없어서 하지 못했던 일들을 마음대로 할 수 있는 자유를 만끽하고 싶다. 보기 싫은 사람을 안 봐도 되고, 하기 싫은 일도 안 해도 되며, 하고 싶은 것만 하고, 보고 싶은 사람만 보며 남은 생을 살게 된다면 얼마나 행복하겠는가.

만약 지금과 같은 일을 30~40대 때의 나와 똑같은 열정, 똑같은 노력으로 다시 하라고 한다면, 할 자신도 없거니와 하고 싶지도 않다. 이는 마치 군대에 두 번 가라는 것과 같은 상황이다.

그렇다면 내가 꿈꾸는 삶이란 어떤 삶인가? 지난 25년여의 세월 동안 살아왔던 방식이 아닌 남은 25년, 더 나아가 마지막 순간까지 추구할 수 있는 목표는 무엇인가?

그 목표는 바로 '행복한 성공'이다. 시간에 쫓기지 않고, 내 스케줄대로 여유롭게 하루의 시작과 끝을 맺을 수 있고, 가족 특히 아내와 충분한 시간을 공유하고, 하고 싶은 공부와 운동도 하며 그렇게 멋있는 할아버지가 되어 살아가는 삶. 나는 그런 삶을 꿈꾸고 있다. 바로 그런 것이야말로 행복한 성공이란 생각이 들기 때문이다. 다시 한 번 말하지만 성공해야 행복한 것이 아니라 행복해야 성공한 것이다.

나와 같이 행복한 성공을 꿈꾸는 사람들과 함께, 행복한 성공의 꿈을 이루고 싶다.

인생을 바꿀 수 있는 선택을 하려면 07

HAPPY DREAM

■■ 자신에게 포커스를 맞추고 장단점을 파악한 후 선택하라

우리는 살아가면서 여러 가지 선택을 하게 된다.

무엇을 먹을지 같은 사소한 선택에서부터 어떤 대학을 갈 것인지, 어떤 직업을 가질 것인지, 은퇴는 언제 할 것인지 등 사는 내내 수많은 선택과 판단을 내려야 한다. 이렇게 내려진 선택과 판단이 곧 미래의 삶을 결정짓는 요인이 되기 때문이다.

그러므로 미래의 삶은 현재 우리가 선택하고 판단하는 그 정확성에 달려 있다 해도 과언이 아니다. 문제는 대부분의 사람들이 미래에 대한 예측을 정확히 할 수 없다는 것이다. 그러니 지금부터라도 자신이 미래에 무엇을 할 것인지를 선택하고 판단할 때는 자신이 가장 좋아하는 것을 염두에 두고 그것의 장단점부터 파악해 보길 바란다.

모두들 한 번쯤 누군가를 위해 선물세트를 사본 적이 있을 것이다. 상대의 취향을 잘 모르기 때문에 한 가지 품목보다는 여러 가지가 골고루 들어 있는 선물세트에 쉽게 손이 가는 것이다. 그러나 선물세트는 실속이 없는 경우가 더 많다. 쓸 일이 없는 여러 가지보다 정말 필요한 한 가지가 상대를 더 만족시키기 때문이다.

하물며 인생에 있어서야 말해 무엇 하겠는가. 여러 가지 다양한 체험을 해 보는 것도 필요한 일이지만, 그 때문에 선물세트를 고르듯 자신의 인생을 선택한다면 분명 후회하게 될 것이다.

이것저것 기웃거리기보다 자신이 잘할 수 있는 것과 잘하고 싶은 것에 포커스를 맞추고 그것의 장단점을 파악한 후 결정을 내려야, 시간이 흐른 뒤에도 후회하지 않을 것이다.

초등학교 시절 방학 때마다 수없이 생활계획표를 짜곤 했다. 어렸음에도 불구하고 계획표를 짜는 순간만큼은 무척 진지했는데, 동그랗게 원을 그려놓고는 선을 좍좍 그어 하루를 30분이나 한 시간 단위로 쪼개놓곤 했다. 그러고는 이번만큼은 어떤 일이 있어도 꼭 지키겠다는 각오 아닌 각오를 다졌었다. 물론 대부분이 작심삼일로 끝났지만 말이다.

지금 생각하면 웃음이 나지만 사실 이런 적이 초등학교 때만은 아니었다. 중·고등학교를 거쳐 대학교를 졸업하고 어른이 되어서까지 무언가 계획을 세우기만 하고 실행에 옮기지 못해 후회한 적이 한두 번이 아니었다. 항상 이번만은 다를 것이라는 의욕만 앞섰지, 정작 나를 방해하는 미래의 예기치 못한 일들에 대한 대비는 제대로 하지 못했던 것이다. 그래서 보험영업일을 시작하면서부터는 버킷리스트를 작성하여, 1년에 최소 1~2개씩은 실천에 옮기기 시작했다.

 미래를 선택할 때는 현재에는 존재하지 않지만 미래에는 존재하게 될 여러 상황과 방해 요인들을 고려하는 지혜가 필요하다. 터널 안에 들어가면 터널 안만 보이고 터널 밖은 보이지 않는 것과 같은 이치다. 특히 지나치게 낙관적인 계획을 세우는 사람의 말은 한번 걸러 듣는 지혜를 가져야 한다.

■■ 선택을 할 때 교만을 버리고 집중하여 자신을 되돌아보라

 성공의 팩트를 가진 사람들은 대부분 내적인 강인함이 있다. 내공이 있다는 뜻이다. 내공이란 하루 이틀 만에 쌓이는 것이 아니다. 오랜 시간에 걸쳐 끊임없는 인내와 노력으로 쌓아올린 자기만의 힘이다.
 이런 내공을 가진 전문가는 두 부류가 있다. 한 분야만 집중적으로 파고들어 그 분야의 달인이 된 전문가와 다양한 분야의 경험과 지식을 한 분야에 접목시켜 독특한 스타일을 창출하는 조합형 전문가가 있다.
 나는 이 두 부분을 통합하는 전문가가 되고 싶다. 그래서 일 외적으로 다양한 시도를 함과 동시에 보험 분야에서만 25년 동안 집중적으로 일하고 있다.

한 분야에서 성공해 본 경험이 있는 사람들에게는 대부분 직관력이란 것이 있다. 자신이 속한 비즈니스 환경을 꿰뚫어 보는 능력이다. 팩트를 근거로 한 평생 갈고 닦아온 자기만의 비즈니스 모델과 스타일을 세우고 현실에 맞지 않으면 과감히 버릴 줄 아는 결단력을 발휘한다. 그만큼 자신 있다는 의미다.

그들은 다양한 모델의 추출을 위해 여러 가지 케이스를 조합하여 여러 가지 가능성을 타진한다. 그리고 많은 모델 중 하나를 결정할 때 현명한 판단력으로 과감히 결단하는 능력이 결국 그 사람의 차별화된 강점이 된다.

이와는 반대로 변화의 위험보다 변화하지 않았을 때의 위험이 더 크다는 사실을 깨닫지 못하는 사람들도 있다. 도전하고 시도하지 않으면 큰일을 이룰 기회도 없다는 것을 알지만 현실에 안주하다 불을 보듯 빤한 길로 가는 경우가 그것이다. 분명한 사실은 '스스로 변하지 않으면 남에 의해 변화를 강요당할 수밖에 없다'는 것이다.

생로병사란 순차적인 것만이 아니라 동시적인 것이기도 하다. 자연사의 경우는 생로병사를 순차적으로 겪지만, 뜻밖의 사고나 질병으로 인한 죽음은 차례를 거치지 않고 삶에서 바로 죽음으로 가게 한다. 그렇기 때문에 순간순간의 삶이 중요하다. 언제 어디서 인생을 마무리하더라도 후회 없는 삶이 되어야 한다.

누구에게나 가장 큰 재산은 자신감 넘치는 열정이다. 열정이 없다면 삶을 사는 것이 아니다. 열정 하나만 있어도 못할 게 없다. 하지만 열정이 없다면 위기는 언제 닥칠지 모른다.

위기는 위험과 기회가 공존한다. 위기는 자만과 교만의 빈틈을 노린다. 계속되는 성공은 오히려 다음 성공이나 더 큰 성공의 걸림돌이 될 수 있다. 그러니 위기를 전화위복의 계기로 삼으려면, 항상 비우고 준비하는 연습을 해두어야 한다. 어떤 일이든 '남들이 어떻게 보는가? 또 어떻게 생각하는가?'보다 '내가 어떻게 받아들이는가?'가 더 중요하다.

모든 일에는 동전의 양면처럼 긍정적인 부분과 부정적인 부분이 있다. 얻는 것이 있으면 잃는 것이 있다는 말이다. 내가 어느 쪽을 보고 선택하느냐에 따라 다음 스텝도 달라지고 도달하고자 하는 최종 목적지도 달라진다.

중요한 선택의 기로에서 교만하지 말고 집중하여 자신을 되돌아보는 지혜를 가지고 미래를 바라봐야 한다. 그러면 길이 보인다. 그 길을 가야 한다. 그것이 행복인 것이나.

08 기회는 왔을 때 잡아라

HAPPY DREAM

사람에게는 운명적으로 세 번의 기회가 찾아온다고 한다.

그러나 어쩌면 이 기회라는 것은 행운이 아니라 준비된 자에게만 주어지는 선물일지도 모른다. 누구에게나 기회는 오지만 제대로 준비가 되어 있지 않으면 놓치기 쉽다.

또한 준비도 필요하지만 그 기회를 잡으려면, 우선 기회인지 아닌지를 알아보고 판단하여 확신을 가져야 한다. 그 다음에는 자신의 인생을 올인할 가치가 있는지, 내가 목숨을 걸고 최선을 다했을 때 노력의 가치를 인정해 주고, 그만한 성과에 대한 보상이 주어지는지, 내가 얻고자 하는 노력에 대한 보상은 무엇인지, 그리고 최선을 다했을 때 나의 성공지수는 어느 정도인지를 확인해야 한다.

돌이켜 보면 나에게도 여러 번의 운명적인 기회가 찾아왔다.

첫 번째 기회는 암울했던 청년기에 한국해양대학에 입학하여 해운

업계에 발을 디딘 것이다. ROTC 내무훈련, 4년간의 기숙사 생활, 제복, 상선 사관후보생, 한바다 실습, 하찌, 해월회, 백영, 축구부, 국기수, 선후배 등 해양대학이라는 공간을 통해 세상을 바라보는 안목을 키울 수 있었다. 그리고 졸업 후 27개국의 선진국과 후진국을 두루 다니며 세계가 넓다는 것을 알았다. 이는 삶의 질을 높여야겠다는 꿈의 방향을 설정하는 소중한 계기가 되었다.

두 번째 기회는 아내를 만난 것이다. 육체적, 정신적, 가정 환경적으로 힘들어하던 나에게 아내는 신의 선물 같은 귀한 존재였다. 아내 덕분에 수많은 위기를 기회로 넘겨 오늘날의 행복한 가정을 이룰 수 있었다.

세 번째 기회는 보험회사와의 만남이다. 당시 36년 한국해양대학 동문 최초로 보험회사에 입사해, 보험 이미지가 부정적이었던 시절부터 생명보험의 가치와 보장이라는 자산의 소중함을 전파하여, 대한민국 생명보험시장 발전에 큰 획을 긋는 데 참여하게 된 것이다. 더불어 힘든 보험영업환경을 잘 체득하여, 인생의 다음 단계로 승화시킬 수 있는 기회가 되었다.

그리고 모든 일을 통틀어 가장 좋은 기회였던 것은 국선도國仙道와 자연치유 건강관리학인 선도학과의 만남이다. 이를 통해 인생 전반을 정리하고 내 모든 경험과 꿈을 많은 사람들과 공유하는 행복한 성공의 실천을 시작하게 되었다.

이 모든 일들은 나 나름대로 몇 십 년에 걸쳐, 삶의 질 향상을 위한 다음 레벨을 항상 준비해 왔기에 가능한 일이었다.

기회가 왔을 때는 번뜩이는 직관을 발휘할 수 있어야 한다. 이 역시 하나하나 잘 준비해 온 사람만이 가질 수 있는 능력이다. 잘할 수 있는 요소factor를 점검하고, 큰 꿈을 이루기 위한 준비상태를 확인하고 점검해야 성공의 확률이 높아진다. 여러분들은 어떤 준비가 되어 있는가? 어떤 비즈니스든 준비가 되지 않은 상황에서 조급하게 서둘러서 성공하는 것을 본 적이 있는가?

　가끔 훌륭한 인품과 자질을 가진 사람들 중에서, 준비가 덜되어 실패한 사례를 보면 매우 안타까웠다. 지금 우리에게 소중한 기회가 주어짐에 항상 감사한 마음을 지녀야 한다. 가장 어리석은 후회 중 하나가 '기회를 놓쳤다!' '그때 할 걸!' 하며 땅을 치는 것이다.

자신만의 필살기를 만들라　09

HAPPY DREAM

> What is your Next-Level?
>
> How to get to the Next-Level?
>
> Details···Details···Details···
> Repeat···Repeat···Repeat···

Details Details··· Repeat Repeat···

사소한 것이지만 지속적으로 반복해서 자신만의 필살기를 만들어야 한다. 그렇다면 과연 어느 정도의 기간을 들여야 필살기가 만들어질까?

인지 심리학 분야에는 '10년의 법칙'이란 규칙이 존재한다. 어떤 분야에서건 전문성을 획득하기 위해서는 최소한 10년 이상의 부단한 노력과 집중력이 필요하다는 법칙이다. 우리가 천재라고 알고 있는 사람들 중 상당수는 타고난 천재성이 아니라 우리의 상상을 뛰어넘는 반복의 산물임을 기억하자.

한 번의 결심으로 인생은 절대로 변하지 않는다. 그것이 습관으로 자리 잡을 때까지 끊임없이 반복해야 한다. 행복한 성공은 단순한 마음먹기가 아니다. 규칙적인 운동을 통해 근육을 늘리듯이 반복적인 연습을 통해 새로운 습관을 습득해야 한다.

이승헌 씨가 쓴 『신성을 밝히는 길』이란 책에도 '10년의 법칙'이 나온다.

예부터 한 분야의 장인이 되고자 하는 사람들에게는 처음부터 모든 것을 가르치지 않았다고 한다. 철저한 자기 부정의 시간을 위해 아무것도 가르치지 않고 처음 3년간은 밥만 짓게 하고, 다시 3년간은 나무만 해오게 했다는 것이다. 자신을 부정한다는 것은 자신이 이만큼 실력이 부족하고, 욕심덩어리이며, 성공의 지수가 약하다는 것을 인정하는 것이다. 오로지 마음을 단단히 먹고 자신의 실력과 내공을 갈고 또 닦아야 한다.

일정한 기간 동안 밥만 짓게 하고 나무만 해오게 한 것은 그 사이 자신의 못난 부분을 스스로 깨닫고 하나하나 잘라내면서 마음을 다듬으라는 의미였을 것이다. 그때까지도 자신의 그릇을 비우지 못한 사람에게는 다시 전 과정을 시키고, 이 기간을 이겨낸 자에게만 스승은 비로소 3년 동안 비법을 전해 준다는 것이다. 그리고 나머지 1년 동안 자기 시련의 과정을 거쳐 새롭게 거듭나는 것이다. 이와 같기에 10년 공부는 준비기간이 더 긴 것이다.

  최근 유감스럽게도 큰 꿈을 이루겠다고 마음먹은 젊은이들이 3년은 고사하고 한두 달 정도만 노력해서 일확천금을 노리는 경우를 종종 보게 된다. 이런 이들에게는 어떤 비법도 도움이 되지 않는다.

  행복한 성공을 이루려면 자신의 인생 전반에 걸친 로드맵을 통해 계획을 짜고 실행에 옮기며 시행착오를 분석하여 다시 계획을 수정하는 과정 Plan-Do-See을 끊임없이 반복해야 한다. 이를 통해 쥐가 소금을 갉아먹듯 조금씩 내공과 환경이 향상되어, 자신이 원하고 꿈꾸는 행복한 성공자의 모습에 도달하게 되는 것이다. 하루에 최소 6시간 이상씩 적어도 10년이란 기간 동안 노력해야 한다. 동시에 최고가 되겠다는 자신의 꿈과 의지와 끈기 등을 조화롭고 균형 잡히게 개발해 나가야 한다.

  또한 큰 꿈을 가진 사람들이라면 큰 꿈을 담을 큰 그릇을 만드는 데 주력해야 한다. 그래야 비법을 전수해도 넘치지 않고 세포 하나하나에 이치와 원리를 스며들게 할 수 있다.

  세상 모든 이치는 콘셉트concept다. 어떤 사람이 어떤 생각을 갖고 어떤 일에 임하느냐에 따라 결과는 천양지차다.

  짧은 시간에 간단하게 성공하는 방법이란 없다. 변치 않는 진리를 배우고 익혀서 실천해야 하는 이유다. 앞서 말한 것처럼 최소한 한 분야의 달인이 되려면 10년은 경험해야 비법을 알 수 있다.

그렇기 때문에 젊은 시절엔 좌충우돌하더라도 많은 경험을 통해 세상을 몸으로 익히고 만고불변의 진리를 터득하도록 노력해야 한다. 절대로 중간에 포기하면 안 된다.

이 땅의 많은 부모들은 자신의 목숨보다 소중한 자녀의 미래와 안락한 노후를 꿈꾸며 삶의 질을 향상시키고자 오늘도 치열하게 세상과 온몸으로 맞서고 있다.

사람으로 태어나 제대로 사람 노릇하며 인간답게 행복감을 누리며 살다 가야 후회가 없다. 그런 아름다운 마무리를 준비하고 실천에 옮겨 꿈꾸는 상황을 만드는 것이 진정 행복한 성공인 것이다.

대부분의 사람들은 잠을 자면서 백일몽을 꾸지만, 행복한 성공자는 깨어 있는 이 순간 아름다운 꿈을 꾸고 있다.

자존감을 높여라 10

HAPPY DREAM

평소 내가 생각하는 보험영업은 계약 한 건을 위해 어떤 식으로 하느냐의 싸움이 아니라 어디로 가느냐의 싸움이다. 상품에 대한 설명을 못해서가 아니라 설명할 대상이 없어서 상품을 못 파는 것이다. 그래서 오랫동안 많은 후배들에게 부지런한 활동activity의 중요성을 강조해 왔다.

보험입문 초기였다. 하루 종일 계속된 거절과 상담으로 지쳐 있었다. 그래도 한 분이라도 더 만나야겠다는 일념으로 마지막으로 방문했던 곳에서 뜻하지 않은 체결을 하게 되어 큰 용기를 얻었던 기억이 난다.

나는 그때 어차피 내 인생의 나머지를 생명보험업으로 지낼 거라면 행복한 성공의 자격을 갖춰야겠다고 생각했다. 그래서 '내가 톱클래스 안에 들지 못하는 이유가 뭘까?'를 생각하기 시작했다. 그제야 비로소 내 노력이 한참 부족했다는 것을 깨달았다.

영업조직과 1인당 생산성을 두 배 이상 늘려야 했고, 1년 정착율을 50%나 더 개선해야 했다. 현실적으로는 불가능한 일이었다. '필요로 하는 만큼 성장할 수 있을까? 내가 충분히 그럴 수 있을까? 내가 정말 포기하지 않고 끝까지 해낼 수 있을까?' 이런 근원적인 질문들이 꼬리에 꼬리를 물고 늘어졌다.

성장을 하려면 변화가 필요하다. 변화를 하려면 용기가 필요하다. 그리고 그런 용기를 낸다면 기회가 주어진다. 우리는 변화를 볼 수 있어야 하고, 변화가 가져다주는 기회를 알아차릴 수 있어야 한다. 그렇다면 어떻게 더 잘할 수 있단 말인가?

내가 원하는 것이 소득을 2배로 올리는 것이든 건강이든 간에, 일단은 원하는 것을 얻으려면 마음가짐부터 바꿔먹어야 한다. 나는 왜 사람들 중엔 성공한 사람이 있고 그렇지 못한 사람들이 있는 것인지 몇 가지 생각을 하게 되었다.

스스로 '나는 가치 있는 사람이다'라고 생각하면 자신을 더 좋아하게 된다. 그리고 자신을 더 좋아하게 되면 더 큰 목표를 세우게 된다. 그렇게 되면 스스로에 대해 더 높은 기준을 세우게 되고 더 강한 지속력을 가지게 된다.

또 자신을 좋아하는 만큼 남을 더 좋아하게 된다. 자신이 남을 더 좋아하면 남도 자신을 더 좋아하게 되어 함께 비즈니스를 하고 싶어 한다. 스스로를 중요하고 가치 있는 사람이라고 생각하면 할수록, 건강도 좋아지고 가족관계도 나아진다.

　여기서 발견한 중요한 사실은 바로 자기 자신을 좋아하는 부모 밑에서 자란 아이들이 스스로를 좋아하게 된다는 사실이다. 자기 스스로를 좋아하는 부모 밑에서 자라야 아이들이 자신감을 갖고 성공하기 위해 그 어떤 어려움이라도 극복해 나가고자 하는 강한 의지를 가진 사람으로 성장한다는 것이다.
　여러분이 가장 소중한 배우자나 자녀들을 위해 해줄 수 있는 최고의 선물은 여러분 스스로가 자기 자신을 좋아하고 스스로를 가치 있는 사람이라고 생각하는 것이다. 그런 이들만이 행복한 성공을 꿈꾸고 실천하고 진화시키고 누릴 자격이 있기 때문이다.

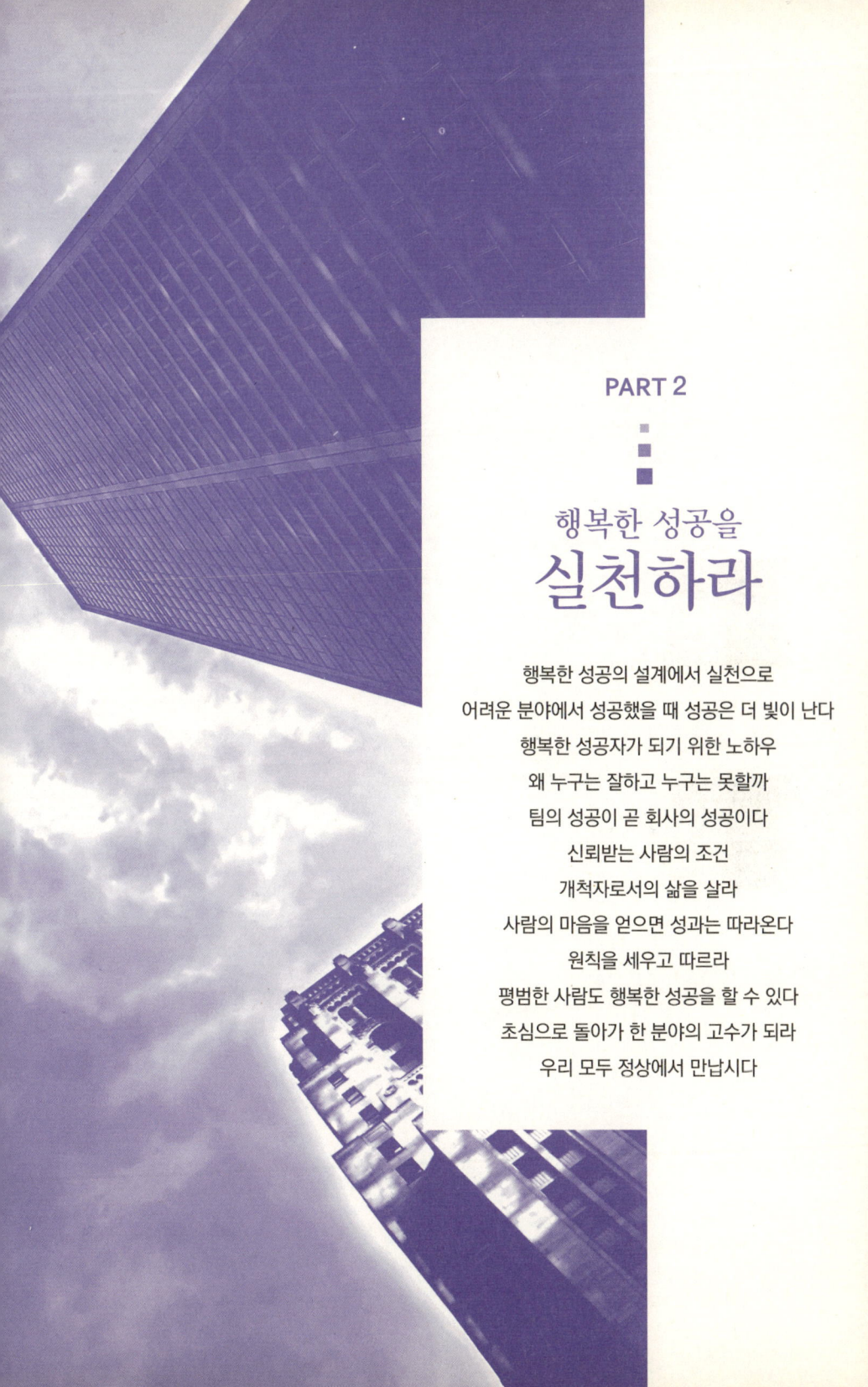

PART 2

행복한 성공을
실천하라

행복한 성공의 설계에서 실천으로
어려운 분야에서 성공했을 때 성공은 더 빛이 난다
행복한 성공자가 되기 위한 노하우
왜 누구는 잘하고 누구는 못할까
팀의 성공이 곧 회사의 성공이다
신뢰받는 사람의 조건
개척자로서의 삶을 살라
사람의 마음을 얻으면 성과는 따라온다
원칙을 세우고 따르라
평범한 사람도 행복한 성공을 할 수 있다
초심으로 돌아가 한 분야의 고수가 되라
우리 모두 정상에서 만납시다

"세상에는 두 종류의 사람이 있다.
자신이 할 수 있다는 사람과 할 수 없다고 생각하는 사람이다.
물론 둘 다 옳다."

- Henry Ford

행복한 성공의 설계에서 실천으로　01

HAPPY ACTION

지난 25년 동안 보험현장의 최일선에서 뛰면서 완벽한 준비와 실천이 행복한 성공에 미치는 영향에 대해 많은 것을 느끼고 경험하고 깨달았다. 이제 실전에서 얻은 나의 경험들이 행복한 성공을 실천으로 옮기려는 많은 사람들에게 조금이라도 도움이 되길 바라는 마음으로 이야기를 나누고자 한다.

어떤 일을 실행에 옮긴다는 의미는 단지 자신감이 있거나 실력이 있거나 노련하다는 의미만은 아니다. 그 일의 의미를 꿰뚫고 있다는 뜻이며 잘 준비되어 있다는 뜻이기도 하다.

또 자신이 해야 할 일을 미루지 않고 제때에 해내는 것도 포함된다. 해야 할 일이라면 미루지 말아야 한다. 미루는 그 순간은 편한 것 같지만 사실은 현실을 외면했을 뿐 곧 다시 해야 할 일이 돌아오는 반쪽짜리 편함이다.

항상 바쁘기는 한데 일의 성과가 별로 없는 사람들에게는 공통점이 있다. 쓸데없는 일에 에너지를 너무 많이 사용한다는 점이다. 정작 시간 안에 해야 할 중요한 일은 하나도 못한다. 일의 우선순위를 정해 놓고 한 가지씩 착착 덜어내는 훈련이 몸에 배어 있을 때, 자유도 얻고 편안함도 느낄 것이다. 그러려면 매사에 철저하게 준비해야 한다. 완벽한 준비가 성공의 확률을 높인다.

더불어 무슨 일이든 시작한 이상 방황해서도 본질에서 벗어나서도 안 된다. 성과를 올리고 싶다면 목적을 분명히 하여 원칙을 바로 세우고, 일을 하는 이유를 명확히 해야 한다. 그 후 우선순위에 따라 실행에 옮겨야 한다. 이러한 일의 성공 메커니즘을 알아야 우선순위가 보인다.

보험회사에서 성공할 수 있는 일은 크게 두 가지다. 신계약과 조직면에서 공동의 목표와 개인의 목표를 달성하는 것이다. 그렇다면 가장 먼저 알아야 할 것은 무엇일까? 바로 보험영업의 본질이 무엇인가 하는 점이다. 이것을 제대로 깨달을 때에만 고객의 가슴에 꿈과 희망과 프라이드를 심어주고 행복한 성공을 실천하게 만들 수 있다.

개인과 가족의 미래를 위해 충분한 보장자산을 돕는 것, 이것이 보험의 첫 번째 역할이자 본질임을 다시 한 번 되새겨야 한다. 그 후 내가 왜 이 일을 해야 하는지, 내가 원하는 성공은 무엇인지 등을 확실히 해두면 영업결과는 좋게 나오기 마련이다.

보험회사뿐만 아니라 모든 일에 있어 이렇듯 성공법칙이 존재한다. 행복한 성공에 이르는 원칙을 이해하고 실천할 때 우리는 행복한 성공자가 될 수 있다.

어찌 보면 우리는 복이 많은 사람들이다. 왜냐하면 세상의 모든 성공에는 성공의 법칙이 존재하고, 그 성공의 법칙은 얼마든지 노력하면 배울 수 있기 때문이다.

■■ 인생 최고의 '화두'를 놓치지 마라

행복한 성공을 끝까지 죽기 살기로 해내겠다고 작정하고, 이를 위한 마음의 끈을 놓지 않고, 그 방법을 실천해 간다면 우리는 꼭 바라는 바를 이룰 수 있다. 그래서 나는 강조한다. 꼭 이뤄야 하는 소원이나 꿈이 있다면 정말 간절하고 애절하게, 그것이 왜 필요한지를 빌고 또 빌어라. 그러면 이뤄질 확률이 높다.

주위를 조금만 둘러봐도 절실함으로 단 1%의 가능성을 100%의 현실로 바꾼 사례가 많다. 불편한 몸으로 아르바이트를 10개나 하는 사람이 있는가 하면, 두 팔 두 다리가 없는 사람이 수영이나 농구를 하고 눈이 안 보이는 시각장애인이 사하라 사막 마라톤을 완주하고 스카이다이빙을 한다.

그렇다면 사지가 멀쩡하고 육체가 건강한 사람이 못할 일이 무엇인가! 마음가짐이 문제인 것이다. 마찬가지로 처음부터 좋은 조건과 좋은 환경을 갖추고 많은 연봉을 주는 그런 직장이 세상천지에 어디 있겠는가. 이 역시 마음가짐의 문제이다. 시작은 비록 미약하지만 나중에는 심히 창대하리라는 성경의 말처럼, 조금은 불만족스럽고 조건이 좋지 않아도 내가 기여하고 공헌하여 상황을 역전시킬 수 있는 기회는 얼마든지 있다. 그렇게 할 수 있는 사람이 진정으로 대접받을 자격이 있는 것이다.

대부분의 사람들이 젊은 나이에 사회에 나오자마자 잘되기를 기대한다. 물론 부모로부터 물려받은 재산이 있거나 주식이나 부동산 등으로 단박에 성공하는 사람들도 있다. 하지만 세상에 공짜란 없다.

어느 누구도 갑자기 스타가 될 수는 없다. 성공 역시 마찬가지다. 그에 응당한 대가를 치러야 한다. 특히 돈에 있어서 대가를 제대로 치르지 않으면 올바른 가치관을 갖기가 힘들다. 돈을 올바른 곳에 사용하지 못한다거나, 더 큰 대박만 쫓는다거나 하는 것 등이 그러하다.

돈에도 눈이 있어 사람 봐가면서 온다 하지 않는가. 설령 들어왔다 해도 내 것이 아닌 경우가 많을 것이다. 지금 이 순간순간들이 나의 전문성을 갖추는 데 필요한 당연한 과정이라 생각하면, 고생이라는 생각이 안 들게 된다. 조금만 더 실력이 쌓이면 뭔가 좋은 일이 있을 것 같고, 더 중요한 일을 할 수 있을 것 같은 느낌들을 받기 때문이다. 그때가 된다면 일이 재미있다는 말이 이해가 될 것이다.

누구에게나 한 번쯤 고비가 있기 마련인데 어떻게 그 고비를 잘 넘기느냐에 따라 행복한 성공이 달리 보일 수도 있는 것이다. 젊었을 때의 고생은 평생을 살아가는 자양분이 될 것이며 고생에 의미를 잘 부여하면 충분히 고생할 가치가 있었음을 깨닫게 될 것이다.

오히려 젊은 나이에 너무 일찍 성공하는 것보다 말년에 여유롭게 성공하는 것이 더 행복해 보인다. 성공한 사람들의 대부분은 젊어서 고생한 경우가 많다. 인생의 전반이 힘들고 어려우면 후반이 좋고, 전반이 좋으면 후반이 어려울 수도 있다. 전·후반 모두 좋으면 대박이고 모두 나쁘면 인생을 잘못 산 것이다. 그러므로 행복한 성공을 원하는 사람이라면 행복한 성공의 자격부터 갖추어야 한다.

가끔 후배들 중에 다른 회사는 어떻고, 연봉은 어떻고, 상품은 어떻고…. 이런저런 것을 비교하며 불평하기 좋아하는 사람이 있다. 불평은 자신의 인생을 갉아먹는 독이다.

나는 지금까지 월급을 많이 받는 것도 싫어했고 적게 받는 것도 싫어했다. 내가 일한 만큼의 정당한 대우를 받기 원했다. 적게 하면 적게 받고 많이 하면 좀 더 취할 수 있는 그런 일을 선호했다. 힘은 들지만 남들이 쉽게 하지 못하는 일을 내가 해냄으로써 보람과 긍지를 느끼고 그것이 적절한 보상으로 이어질 때 무척 행복했다.

때문에 나에게는 명예와 실리 면에서 적절한 보상이 이루어지는 보험영업 일이 천직이었다. 젊었을 때 다행스럽게도 여러 가지 고생을 잘 극복해 냈다. 그때는 멋모르고 당연하게 생각하며 견뎌냈지만, 지금 생각하니 참 위험하고 힘들었던 시절이었다.

나의 경우에도 문현동 산사태에서부터 혹독한 후보생시절, 목숨

건 해상근무, 치열한 보험회사 말단직원에서 오늘날에 이르기까지 가정이며 직장 등 어느 것 하나 쉽게 얻은 것이 없었다. 그렇기 때문에 더 많은 것을 배우고 깨달을 수 있었다.

돌이켜 보면 삶이란 조금씩 축적되어 가는 것이라 생각한다. 또한 살아가면서 직면하는 다양한 문제들을 풀어가는 과정 속에서 성장하는 것이다. 재물이든 명예든 자식이든 하루아침에 바뀌는 것이 아니다. 정신 바짝 차리고 세상을 살아가는 기초를 튼튼히 닦으면, 누구나 행복한 성공의 삶을 살 수 있다고 생각한다.

자신의 인생이 행복해지는 것은 부모의 책임도 아니고 남의 힘도 아니다. 처음부터 끝까지 본인 두 손에 달려 있다.

어려운 분야에서 성공했을 때 성공은 더 빛이 난다 — 02

HAPPY ACTION

　성공은 쉬운 일이 아니다. 누구나 다 하는 쉬운 일로 성공하여도 그로 인해 성취감이나 보람을 느끼기는 어렵다. 다른 사람들이 포기하고 돌아서더라도 끝까지 노력해서 나만의 보람을 느낄 수 있는 어려운 일을 잘해냈을 때 성공하는 것이다.

　세상의 어떤 분야에서든 성공한 사람이 있는가 하면 그렇지 못한 사람이 있다. 행복한 성공자가 되길 꿈꾸는 사람들은 '왜 그럴까? 어떻게 하면 나도 그런 성공한 사람이 될 수 있을까?' '어떻게 하면, 어떻게 하면….' 고민하고 또 고민해서 답을 내야 한다. 그리고 성공한 사람들의 법칙을 배우고 익혀 그것을 본인 것으로 소화해야 한다.

　모방 없는 창조는 없다. 게으름만 피우지 않으면 누구든지 배울 수 있고 실천 가능한 것들이다. 더욱 좋은 것은 행복한 성공자들에게 물어보면 그 '답'을 알려준다는 것이다. 답을 알고 가는 길은 수월하다.

대부분의 사람들이 부와 명예를 한 번에 얻고 사람들에게 존경도 받는 직업을 꿈꾼다. 그러나 이보다 중요한 것은 그 일이 과연 내 적성에 맞느냐 하는 것이다. 내 적성에 맞는 일을 찾았다면 내가 그리는 이상을 충족시켜 줄 수 있는 직업을 생각해야 한다.

나의 경우 그런 직업이 바로 보험영업직이다. 그래서 나는 보험영업에 발을 들여놓은 것에 대해 지금도 감사하게 생각하고 있다. 일은 고되지만 남들이 하지 못한 일을 해냈을 때 따르는 평가와 보상이 다른 업종에 비해 엄청나기 때문에, 나는 항상 보험영업인이라는 자부심을 갖고 있다.

그리고 그렇기 때문에 보험영업 분야에서 성공한 사람은 어떤 일에서도 성공할 수 있다고 믿는다. 고객들에게 거절당하기 일쑤에 영업 성과주의로 인한 스트레스가 심하고, 못하면 급여에 대한 보장도 없으며 한 군데서 오래 근무하기도 어렵다. 심지어 시도하는 일들 가운데 반 이상이 실패의 연속이다. 게다가 그렇게 힘든 거절의 과정을 견디면서 자신을 추스르고, 스스로 할 수 있다는 자신감과 꼭 해내고야 말겠다는 뜨거운 열정과 끝까지 포기하지 않겠다는 끈기까지 필요로 하는 직업이다.

어떤 일에서든 마찬가지겠지만 성공은 자신이 어떻게 대처하고 어떻게 극복하느냐의 문제다. 보험영업을 예로 든다면 많은 고객들이 거절하지만 그렇다고 너무 낙담하거나 자괴감에 빠질 필요는 없다. 그들이 가망고객이란 사실을 기억하면 된다. 실패가 쌓일수록 성공할 확률이 높아지듯, 거절을 당할수록 행복한 성공을 이룰 확률도 높아진다는 희망을 가지면 되는 것이다. 어려운 상황에서도 긍정적이고 바른 마음가짐을 갖는 것이 자기관리의 핵심이다. 일단은 마음가짐부터 바르게 가져야 한다.

누구도 해보지 않은 일을 시작하려면 걱정되는 것이 당연하다. 그러나 한두 번 하다 보면 마치 안개 낀 길을 걷듯 조금씩 앞의 길 보이게 된다. 그러니 미리부터 걱정하지 않아도 된다. 어차피 해야 할 일이라면 정면으로 돌파하는 방법이 문제해결의 가장 빠른 방법이다.

■■ 성공적인 직장생활을 위해 알아야 할 것

요즘은 직장을 단순히 돈을 버는 곳이라고 생각하는 사람이 적지 않은 것 같다. 하지만 하루의 대부분을 보내는 곳이 직장이다. 결코 시계추처럼 왔다 갔다 하기만 해선 안 되는 곳이다. 직장은 자신의 꿈을 키우고 실력을 쌓고 인적 네트워크를 만들 수 있는 곳이며, 무엇보다 그 꿈을 이룰 수 있는 아주 중요한 곳이다.

부모를 모시고 사는 집이 내 집이요, 내가 태어난 이 땅이 내 나라라면, 내가 일하는 이 직장은 내 것이 아니고 누구의 것이겠는가. 자부심과 긍지를 느끼고 동료 간에 애정이 넘치는 제2의 삶의 공간임을 인식하자.

어떤 회사에 입사한다는 의미는 그 회사의 브랜드 파워brand power를 등에 업고 회사에서 취급하는 각종 제품이나 시스템을 활용해서 그간 선배들의 축적된 노하우, 스킬 등을 전수받아 잘 발전해 보겠다는 의사표시이다. 그러려면 서로의 조건이 맞아야 한다.

"회사는 믿을 만한가?" "내가 수행할 임무는 정말 가치 있는 일인가?" "열심히 일했을 때 성과에 대한 보상시스템이 합리적으로 갖추어져 있는가?" "회사의 비전과 향후 나의 비전이 일치하는가?" "내 꿈을 이루어 가는 과정에서 충분한 지원시스템은 갖추어져 있는가?"

이러한 사항 등을 알아보고 확인한 후 결정을 해야 한다. 심사숙고 끝에 내린 결정은 쉽게 포기되지 않는다.

만약 위의 질문에 "Yes!"라는 답이 나오는 회사를 선택했다면 입사 후 자신의 역할에 대한 콘셉트concept부터 정립해야 한다.

〈보험영업의 예〉

- 보험영업인은 무엇을 해야 하는가? → 고객의 가정을 위해 무엇을 돕고 서비스할 것인지를 정립하라.
- 보험영업인이 얻고자 하는 것은? → 자신이 꿈꾸는 재정적 자유와 시간적 자유를 얻기 위함이다.

보험영업에서 이 두 가지 이유가 아닌 활동들은 시간낭비다. 비효율적이라는 말이다. 이렇듯 일을 잘하기 위해선 항상 포커싱을 명확히 해야 한다. 무엇보다 자신이 하는 일에서 얻을 수 있는 보람을 찾아야 한다. 힘들고 어려울 때 나를 지탱해 줄 수 있는 것이 무엇인지를 생각하면 힘들어 포기하고 싶을 때 다시 한 번 힘을 낼 수 있는 계기가 된다.

누구든지 슬럼프를 겪지만 지혜로운 사람들은 그 시간을 단축시킨다. 우리 일은 항상 잘될 수만은 없다. 잘될 때도 있고 안 될 때도 있는 것이다. 안 됐을 때 그 어려움을 잘 견뎌내는 것이 중요하다. 이러한 개념정리가 되어 있지 않으면 방황할 수밖에 없고 행복한 미래는 기대할 수 없다.

다음으로는 비즈니스 사이클business cycle을 이해해야 한다. 세상 모든 비즈니스의 근본 중 80퍼센트가 같다. 세탁소를 운영하든 식당을 운영하든, 단골고객을 확보하고 그들에게 만족할 만한 서비스를 제공하면 그 비즈니스의 미래는 밝다.

내가 원하는 대학에 가려면 국·영·수 기초과목을 잘해야 하듯 일에 있어서도 기본이 중요하다. 기본을 잘 닦고 발전시킬 수 있도록 자신만의 차별화된 비즈니스 사이클을 구축한다면 그들이 진정한 기술자고 전문가다.

〈보험영업의 예〉

보험영업의 경우 가망고객 발굴단계, 발굴된 가망고객을 고객화하는 비즈니스 프로세스(business process), 체결된 기 고객관리, 이 세 가지 핵심적인 사항들에 대한 확실한 개념이 잡혀 있어야 한다. 어느 한 부분만 잘해서 되는 것이 아니라, 이 세 과정이 원활하게 돌아가도록 해야 한다.

그런 후 스스로 몇 가지 점검해 볼 사항이 있다. 우선 보험영업인으로서 행복한 성공을 이루기 위해 이 직종에 들어 왔으니, 사람들에게 왜 보험이 필요한지에 대해 완벽하게 숙지하고 있어야 한다.

첫째, 평균수명이 길어진 만큼 행복한 노후를 위해 경제적 대비를 해야 한다.

둘째, 불의의 사고로 사망할 수 있으니 남겨진 사람들의 경제적 어려움을 대비해 주어야 한다.

셋째, 언제 어디서 어떤 장애를 입게 될지 모른다. 뜻하지 않은 사고로 인해 겪게 될 나와 주위 사람들의 고통에 대비해야 한다.

넷째, 질병에 걸릴 확률이 높아졌다. 치료비가 부족해서 나을 수 있는 병이 악화되는 상황은 막아야 한다.

이처럼 언제 닥칠지 모를 사고의 대비책으로 보험의 중요성을 알려야 한다.

보험을 잘 모르는 사람들에게는 이러이러한 도움과 서비스를 주고 있음을 알리고, 알고는 있어도 제대로 실천하지 않는 사람들에게는 제대로 된 방법과 더 좋은 방법을 알리고, 잘하고 있는 사람들에게는 격려와 주위 사람들에게 소개를 부탁하는 것이 보험영업인이 해야 할 일이다. 따라서 보험영업인은

> 고객 한 사람 한 사람을 신체적, 환경적, 경제적으로 웰빙상태로 만들어 행복한 삶을 살 수 있도록 'Help & Service'하는 사람임을 잊어서는 안 된다.
>
> 마지막으로 보험가입 시 고객의 고민을 함께해야 한다. 믿을 만한 회사인지, 보험영업인은 신뢰할 만한 사람인지, 가입할 가치가 충분한 상품이며 가격과 가입 시기가 적당한지 고객의 상황에서 이해해야 한다.
>
> 누군가는 보험회사와 고객 사이에서 이러한 정확한 정보를 전달해야 한다. 그것이 보험영업인의 사명이다. 보험은 가격이나 숫자가 아닌 개념(concept)을 파는 것이다. 보험영업인의 신념과 고객의 욕구(needs)를 팔면 행복한 성공을 할 수 있다.

예와 같이 자신이 일에 맞는 비즈니스 사이클을 구축했다면 다시 한 번 내가 노력하면 성공할 가능성이 충분히 있는 회사인지, 과연 나는 이 일에 관련된 공부에 충실하며 이 일을 할 수 있는 기본적인 자세를 갖추었는지, 꾸준히 기술을 연마하면 행복한 성공의 습관을 형성할 수 있을지 등을 점검해 봐야 한다.

그리고 나서 어떻게 하면 내 꿈을 이룰 수 있을지 하나하나 물어보고 알아보고 끝까지 최선을 다한다면 여러분의 성공확률은 배가 될 것이다. 왜? 답을 알고 가지 않는가! 답을 알면 하는 일이 힘들더라도 견뎌낼 수 있는 인내력이 생긴다. 의욕만 가지고는 성공할 수 없다.

마지막으로 어떤 직업이든 즐겁게 할 수 없다면 일은 생계수단 외의 의미가 없다. 정말 자신이 선택한 일이 적성에도 맞고 하고 싶다면, 정도를 통해 정정당당하게 노력한 만큼의 결과를 얻겠다는 마음가짐이 중요하다. 꼼수나 비리로 얻은 성공은 오래 가지도 않고 남에게 존경받기도 힘들며 자신도 행복하지 않다. 자신이 행복하지 않은 성공이 무슨 의미가 있겠는가. 정정당당하게 본인이 정한 목표를 달성했느냐 아니냐가 바로 행복한 성공의 정설이다.

행복한 성공을 위한 실천에 왕도는 없다. 공짜 희생 없고 공짜 고생 없듯이 노력한 대가는 반드시 돌아오게 되어 있다.

행복한 성공자가 되기 위한 노하우　03

HAPPY ACTION

어느 날 한 후배가 나를 찾아왔다. 그는 지난 15년간 수없이 MDRT 자격을 딴 성공한 보험영업인이었다. 그런 그가 이제 보험영업이 지겹다고 얘기했다. 일에 흥미를 잃었기 때문에 타 직업으로의 전직을 심각하게 고려 중이라는 것이었다.

어떤 일이든 오래 하다 보면 이따금 지겹다는 생각이 들기 마련이다. 그래서 "요즘 매주 몇 명의 고객과 초회 면담약속을 하고 있어?"라고 물었다. 그는 조금 부끄럽다는 듯 겨우 1~2건 하는 게 다라고 털어놓았다.

이 친구는 보험회사 영업인이 하는 일에 지루함을 느낀 것이 아니라 최근의 시장상황과 너무 저조한 자신의 보험영업 활동 때문에 갈등을 했던 것이다.

장기적인 세계경제 침체, 부동산시장, 증시, 저금리상황, 컨슈머리포트, 타사이동, 변액보험 사태, 외국사 보험영업침체, 매각, 국내 빅

3 시장점유율 하락, 보수규정 개정, DB상황 등 보험영업에 불리한 갖가지 현실 때문에 보험영업활동을 지속하기 어렵다는 것이다. 덧붙여 지금 자신과 같은 처지에 놓인 동료들 중에도 이러지도 저러지도 못하면서 고민하는 사람들이 너무 많다고 했다.

자신이 하는 일에 꾸준히 만족할 수 있다면, 지겹다는 생각 대신 이 일이 내 천직이라는 사명감을 갖게 된다. 그렇다면 어떤 사람은 일이 술술 잘 풀려 행복감을 느끼는 데 반해, 왜 대부분의 사람들은 성공을 위해 발버둥을 칠까?

이런 문제에 대한 해답은 심오하면서도 아주 간단하다.

첫째, 성공한 사람은 항상 자신과 회사, 나아가 고객이 원하는 것이 무엇인지를 알고 있다.

둘째, 성공한 사람은 항상 나아가야 할 길이 있다.

셋째, 성공한 사람은 언제나 자신 있게 내세울 수 있는 콘텐츠(상품, 정보 등)가 있다.

넷째, 성공한 사람은 자신이 속한 회사 또는 자신이 하는 일의 브랜드 파워와 차별화된 교육 빛 각종 시스템의 도움을 받을 줄 안다.

이처럼 자신과 회사, 사회가 원하는 방향을 알고 움직이면 행복한 성공의 길에 이를 것이다.

〈보험영업의 예〉

'현재의 대한민국 고객들이 원하는 방향은 어떤 것인가?'를 이해해야 한다. 보험영업의 트렌드가 하루가 다르게 변하고 있다. 보험시장을 둘러싸고 있는 환경이 반갑지 않은 모습으로 변하고 있다. 이러한 환경들은 위기요인으로 작용하지만, 성장동력을 증폭시키는 기회요인이 될 수도 있다. 따라서 새로운 블루마켓이 형성되는 시기에, 과거의 찬란했던 시절처럼 큰 기회를 잡기 위해 미리 준비하고 있어야 한다.

과거와 달리 이제는 값싸고 질 좋으며 선택의 폭이 다양한 제품을 구입할 수 있는 환경을 선호한다. 가전제품이나 마트처럼, 고객의 다양한 욕구에 맞는 보험상품들을 골라서 구입할 수 있는 시스템을 갖춰야 한다.

한때 보험회사 영업인이 금융기관의 꽃이자 금융산업의 유행으로 자리 잡은 적이 있었다. 재테크의 광풍을 등에 업고 파이낸셜 어드바이저, 라이프 컨설턴트, 재무설계사, 파이낸셜 서비스 레프리젠터티브, 파이낸셜 플래너 등 수많은 이름들이 등장했다.

또한 보험설계사, 보험대리점, 보험중개인, 투자상담사, 증권분석사, AFPK, CFP, 종합자산관리사 등 많은 수의 자격증 소지자가 배출되었다.

이렇듯 다양한 명칭과 자격제도가 만들어졌지만, 어떤 이름으로 불리든 무슨 자격증을 가졌든, 그것이 보험영업인을 평가하는 척도는 아닐 것이다. 명칭은 유행과 같아서 조금만 시간이 지나도 더 새롭고 세련되게 변할 것이다. 자격증도 급변하는 금융환경에 따른 팔로 업(follow-up)이 이루어지지 않아 자질의 유지를 어렵게 할 수도 있다.

궁극적으로 고객의 재무에 대한 꿈과 희망을 각종의 위험으로부터 보호하고, 목표의 달성을 위해 고객을 돕는 사람을 보험영업인이라고 할 때, 그가 고객에게 충분한 서비스를 할 수 있는 지식과 자질 그리고 자세를 갖추고 있는가 하는 점이 보험영업인으로서의 척도가 되어줄 것이다.

고객의 눈을 통해 지식, 지혜, 자세 등이 검증된 사람만이 진정한 의미의 보험영업인이 된다. 물론 재무상담 관련 자격증을 갖고 있다면 지식 면에서 우위에 있을 수는 있으나, 단순히 지식만으로 고객의 신뢰를 얻을 수 있는 것은 아니다.

따라서 지금부터라도 진정으로 고객이 원하는 방향으로 보험영업인들이 새롭게 정렬한다면, 행복한 성공의 길이 열릴 것이다.

"수십 년 동안 한 우물을 파면서 언제나 진심으로 고객을 대한 결과, 오늘의 이 자리까지 오게 됐다. 건강이 허락할 때까지 보험영업 일을 계속하고 싶다."

행복한 성공을 한 선배들의 말이다. 보험영업 성공자들의 공통점은 우연한 기회에 누군가의 소개로 보험영업일을 시작하였고, 처음에는 극심한 보험영업의 고통을 느꼈으나 차츰 그것을 천직으로 여기고 즐거움으로 승화시켜 보험영업의 달인이 되었다는 점이다.

이처럼 일을 습관화할 경우, 우리가 매일 식사하고 세수하듯 그 또한 당연한 것이 된다. 즉 일상생활과 일체화되는 것이다. 그렇게 하기 위한 효과적인 방법은 오직 반복에 있다. 반복하는 것을 지겨워해서는 행복한 성공자가 될 수 없다. 언제 어디서라도 자연스럽게 성공을 위한 실천으로의 일을 체득하기 바란다.

그리하여 행복한 성공을 한 자신처럼 꿈으로 가득 찬 열정적이고 뜨거운 조직을 만들어 같이 일하는 팀원들 모두가 행복한 성공을 하는 조직의 리더가 되길 바란다. 그러면 당신도 행복한 성공자가 된 것이다.

04 왜 누구는 잘하고 누구는 못할까

HAPPY ACTION

일을 함에 있어 꾸준히 잘하기 위해서는 늘 질문하고 고민하고 공부하고, 그 해답을 찾기 위해 노력해야 한다. 끊임없는 채찍질만이 다른 사람들과 차별화되는 비결인 것이다.

그렇다면 그런 차별화는 어떻게 이루어낼 수 있을까? 다음의 글은 내가 그동안 실전 영업현장에서 많이 받았던 질문이며 왜 누구는 잘하고 누구는 못할까에 대한 일종의 답이다.

■ 사명감을 가져라

처자식 먹여 살리느라 사는 것이 고단한 것은 농사짓는 사람이나 월급쟁이나 잘나가는 기업의 회장이나 매한가지다. 문제는 자신의 처지를 얼마나 잘 이해하고 지혜롭게 받아들이느냐 하는 것이다. 어떤 일이든 선택할 때까지는 고민이 되겠지만, 일단 자기에게 주어진 일에 대해서는 사명감을 갖고 덤벼들어야 한다.

나는 보험영업을 평생토록 했다. 보험상품 한 건을 파는 것이 어려운 것이 아니라 내 마음속에 사명감을 갖는 것이 어려웠다. 하지만 오랜 경험 끝에 내가 하는 일이 가치 있는 일이고 행복한 일이라는 믿음을 가질 때, 고객의 마음도 열리고 내 앞길도 열린다는 것을 알게 되었다.

그래서 나는 후배들에게 판매기법보다 사명감을 심어주는 데 역점을 두었다. 직업인으로서의 사명감, 즉 '내가 왜 이일을 해야 하는가?'를 깨우치고 현장에 나가면 최고가 될 수 있다.

어떤 일이든 이것이 내 운명이고 내 일이다 싶으면, 생각만큼 어렵거나 괴로운 일이 그리 많지 않다. 최소한 자신이 선택한 직업이나 직장이라면 사명감부터 가져야 한다. 그래야 열정이 빛을 발한다. 남에게 존경받지 않는 성공은 의미가 없고 자신도 괴로울 뿐이다.

사명감을 지닌 사람들은 자기 자신에 대한 자존감이 높고, 자존감이 높은 사람들은 어디를 가도 비굴하지 않고 자신과 자신이 속해 있는 조직에 강한 프라이드를 가진다. 바로 이러한 것이 행복한 성공자와 그렇지 못한 자의 차별화다. 차별화가 되어야 행복한 성공의 확률이 높아진다는 것을 잊지 말자.

대부분의 사람들은 '어떻게 해야 잘할 수 있지?' 하고 고민만 한다. 스스로 자신의 가치를 인정하고, 자신이 없는 것은 누구에게든 물어

보고 알아보고 확인하고, 이거다 싶으면 그때부터는 내 꿈이 손 안에 들어올 때까지 뒤도 돌아보지 마라. 그것이 열정이고 몰입이다.

■■■ '되고 법칙'을 이해하라

네티즌들이 퍼다 나르면서 유명해진 자기계발 전문가 이상대 씨가 쓴 「되고 법칙」이란 글이 있다.

"돈이 없으면 돈은 벌면 되고, 잘못이 있으면 잘못은 고치면 되고, 안 되는 것은 되게 하면 되고, 모르면 배우면 되고, 부족하면 메우면 되고, 힘이 부족하면 힘을 기르면 되고, 잘 모르면 물으면 되고, 잘 안 되면 될 때까지 하면 되고, 길이 안 보이면 길을 찾을 때까지 찾으면 되고, 길이 없으면 길을 만들면 되고, 기술이 없으면 연구하면 되고, 생각이 부족하면 생각을 하면 되고. 이와 같이 '되고 법칙'에 대입해서 인생을 살아가면 안 되는 것이 없는 것이다. 내가 믿고 사는 세상을 살고 싶으면 거짓말로 속이지 않으면 되고, 미워하지 않고 사는 세상을 원하면 사랑하고 용서하면 되고, 사랑받으며 살고 싶으면 부지런하고 성실하고 진실하면 되고, 세상을 여유롭게 살고 싶으면 이해하고 배려하면 되고. 해보라! 된다!"

정말로 이 법칙을 삶에 대비하면 안 되는 일이 없을 것 같다.

나는 지금까지 보험영업을 하면서 제품을 이해하지 못하거나 설명을 잘못해서 세일즈를 못하는 사람은 보지 못했다. 잘하고 못하고, 어렵고 쉬운 것은 사고의 차이다.

즉 실행에 옮기느냐 옮기지 못하느냐의 차이인 것이다. 상품의 가치를 제대로 이해하고, 그 필요성을 전달하고, 고객을 설득하고, 필요한 세일즈 도구들을 사용할 수 있어야 한다.

이론만 가지고는 안 된다. 내가 느낀 그 마음을 고객에게 제대로 전달하여 설득하고 "할 수 있다!"까지를 표현해야 한다. 이것을 할 수 있느냐를 선택하고 실행하면 되는 것이다.

의지력 부족이란 못하는 것이 아니라 안 하는 것이다. 하기만 하면 되는데 지금까지 생각만 하고 실행에 옮기지 않았기 때문이다. 지금 당장이라도 짜놓은 하루의 씻 플랜sit plan대로 실행하라.

아직 씻 플랜을 짜지 않고 있다면 그것부터 하라. 그리고 그것을 정리하고, 또다시 씻 플랜을 짜고 실행하면 "어, 하니까 되네!"가 된다. 그것이 바로 '되고 법칙'이다.

■■ 패스트 스타트를 명심하라

보험영업은 항상 진화해 왔다. 10년 전 생활과 지금이 다르듯 보험영업의 세계도 계속 진화했다. 비단 보험영업뿐만이 아닌 교육, 경제, 정치, 직업 등 우리의 생활을 감싸고 있는 모든 환경이 변화하였다.

이런 상황 속에서 이제는 나 자신을 계속 업그레이드 시키고 전체 트렌드를 리드하여 리딩 그룹에 들어가는 것이 중요하다. 그렇게 해야 차별화가 되고 차별화가 되어야 당당해진다. 그리고 당당해지면 자신감이 생긴다. 자신감이 생기면 일에 대한 확신이 서고 확신을 가지고 일을 하여야 성공확률이 높다.

많은 사람들이 이 성공확률을 높이고자, 온갖 공부에다 롤 플레이 등 여러 가지 노력을 하고 있다. 그렇게 해야만 꿈꾸던 나의 모습과 비전이 눈앞에 어른거린다. 이것이 가능해지려면 '내가 하는 일은 이런 것이구나!'라는 것을 느껴야 한다.

내 느낌이 팍 꽂히는 표현방법, 베스트사례, 콘셉트 등을 스펀지처럼 빨아들여 세포하나 하나에 스며들도록 해야 한다. 그 느낌 그대로를 배우고 느껴 일에 반영하는 것이, 곧 나의 업무수행 능력이다.

천 리 길도 한 걸음부터이듯 천천히 하나하나 하면 된다. 그것이 한 번이 되고 두 번이 되고, 그래서 이기는 습관이 생길 때 성공으로 가는 길이 열린다.

반대로 초기에 제대로 준비가 되지 않은 상태에서 어정쩡하게 시도하면 실패하게 되고, 또 두 번 세 번 실패하게 되면 아무리 뛰어난 잠재능력을 가진 사람이라도 다시 시도하는 것이 두려워진다. 그리곤 시도조차 못하고 실패하게 되는 사례를 많이 보아왔다.

동전 굴리기 이론이란 것이 있다. 처음에 집중하여 똑바로 굴리면 저 끝까지 한 번에 보낼 수 있다. 하지만 처음에 잘못 굴리면 또 집어서 굴리고, 또 집에서 굴리고…. 이렇게 되면 시간과 노력이 과하게 들어가고 결국 포기하게 된다는 것이다.

이 때문에 패스트 스타트fast start가 중요한 것이다. 어떤 일이든지 처음이 중요하고, 처음에 잘 준비해서 성공적인 스타트를 하는 것이 바로 패스트 스타트다. 이를 잘하면 성공의 확률도 높아진다. 이것이 Winning Habit이다. 일단 시작한 일, 제대로 해보고 포기해야 하지 않겠는가.

■■ 반복으로 한계를 늘려라

자신의 한계가 어디까지인지 알아보는 것도 의미 있는 일이다. 왜 이 일을 선택했는가, 어떻게 여기까지 오게 되었는가를 떠올리며 앞으로 계속 이 일을 할 수 있는가, 그렇다면 어디까지 나아갈 수 있는가를 생각해야 한다.

물론 계속해서 같은 일을 해나갈 생각을 하면 자칫 지겨워질 수도 포기하고 싶어질 수도 있다. 하지만 신입사원이든 경력사원이든, 계약직이든 정규직이든, 노동직이든 사무직이든 상관없이 일은 무한 반복 학습이다. 매일 숨을 쉬고 밥을 먹듯이 우리 삶 자체가 일이 되어야 행복한 성공을 할 수 있다.

한 달 열심히 하고 3개월 열심히 하고 3년 열심히 하면 당신은 성공한다. 최소한 롤 플레이 모델 50개를 설정하여 차근차근 늘려 나가야 한다. 처음 3달은 시작에 불과하다. 생활습관을 받아들이는 기간으로 이해하라.

3개월만 바꿔보면 무슨 말인지 이해도 되고 무엇인가 보일 것이다. 굳이 편견을 갖거나 의심하거나 잊어버리지만 않는다면 3개월 동안 보고 듣고 느낀 대로 그냥 따라 하고 행동하는 것만으로도 실력이 늘 수 있다. 보고 듣고 이해하고 그대로 실행하라.

살아가면서 늘려갈 수 있는 것이 실력이다. 시작이 반이라 했으니, 그 반이라도 건지기 위해 시작이라도 제대로 해야 하지 않겠나? 하루에 1%씩만 개선되더라도 3개월 후면 99%가 개선된다. 그러면 성공한 것 아닌가!

■ 방법의 문제인가, 노력의 문제인가?

대부분의 사람들이 교육이라면 지루하고 어렵게 생각한다. 특히 성인이라면 더더욱 싫어한다.

개그 프로그램 같은 경우엔 일단 재미있고, 재미가 있으니 자꾸 떠올리고 따라하게 되고, 그러니 기억에도 남지 않던가? 성공을 꿈꾸고 억대 연봉을 꿈꾸는 사람이라면 어느 정도 일에 대한 흥미와 관련된 교육에 대한 재미를 느껴야 한다.

"이것이 필요해!" "이것 해볼래?" "그래, 한번 해보자!"

그리고 하면 된다. 재미도 있고 필요성도 느낀다면 우리의 목표는 아주 가까운 곳에 있는 것이다. 재미와 필요성에 노력까지 곁들여 진다면 여러분의 꿈이 빨리 이루어질 확률이 높다.

재미는 회사가 제공한다. 실리와 명예를 함께 제공한다. 여러분은 필요성을 느끼고, 준비를 하고, 마음이 통했을 때 머리가 쭈뼛거리고 가슴이 쿵쾅거리는 느낌, 이걸 느껴야 한다. 그런 사례를 당신만의 비즈니스 노하우로 50개쯤 만들면 된다. 그게 전부다.

대가는 반드시 돌아온다. 무슨 일이 있더라도 자신만의 노하우가 정립될 때까지 이를 악물고 견디어 보라. 그러면 답이 나온다. "아하!" 하는 소리가 절로 나온다. 이 소리가 행복한 성공으로의 득도하는 소리이며 이치를 깨닫는 소리다. 이런 감탄사가 많아질수록 당신은 성공한 것이다.

〈보험영업의 예〉

· '3-3-3법칙'을 실행하라

1. 보험영업에 필요한 표현법을 하루에 3개는 꼭 만들어라.
2. 가상의 고객과 대화하듯 반복도 괜찮다. 하루 3명의 가상고객과 꼭 대화하라(R/P).
3. 체결 가능고객을 하루에 3명은 꼭 상담하라.

> 위의 세 가지 법칙을 실행으로 옮기면서, 일주일에 3건 이상(STAR) 3개월 하고 3년간만 지속하면 당신은 행복한 성공을 한 것이다. 공부를 할 때도 복습과 예습이 중요한 것처럼, 보험영업을 할 때도 위의 법칙을 항상 기억하고 실행으로 옮겨야 한다. 그러면 느끼기 시작할 것이고, 느끼면 기적이 일어난다. 당신이 피땀 흘리는 보험영업현장에서, 당신이 그토록 이루고 싶어 하던 꿈이 눈앞에 보일 것이다.

전문가가 아니라 그 일이 천직이라는 개념을 이해하라. 내가 좋아서 열심히 했고 또 좋은 결과를 얻어 성취감과 만족과 보람을 느끼면, 모든 것에 감사한 마음이 생긴다. 그것에 보답하는 마음으로 일을 하면 다른 사람에게도 긍정적인 영향을 끼친다. 그러면 공헌한 만큼 인정받고, 부와 명예를 얻고, 타인들로부터 존경을 받게 된다.

게다가 인성과 인품마저 훌륭하다면, 개인적으로나 사회적으로 행복한 성공자의 모습을 보여주게 된다. 얼마나 뿌듯하고 자랑스러운가. 혼자만이 아니라 다 같이 한번 잘해 보자는 마음가짐이 중요하다.

팀의 성공이 곧 회사의 성공이다 05

HAPPY ACTION

보험영업일을 하면서 느낀 것이 있다. 바로 사원 한 명 한 명이 성공하지 못한다면 회사 전체가 성공할 수 없다는 것이다.

내부에선 실질적인 업무를 보고 외부에선 회사를 대표하는 사원의 힘은 개개인으로 봐선 미약해보일지 모르지만 팀으로 묶이면 달라진다. 그런 사원 한 명 한 명을 채용하고 육성하는 회사의 최소 단위 조직인 팀은 작은 회사와 다름없다.

팀이 모여 센터가 되고 센터가 모여 본부가 되며 본부가 모여 회사가 된다. 따라서 회사의 가장 최소 단위 조직인 팀이 강해야 기업의 경쟁력이 강해진다. 적어도 한 팀의 성공이 곧 회사의 성공이다. 그러니 팀을 리드하는 팀장은 하나의 작은 회사를 리드하는 책임자로서의 막중한 책임감과 사명감을 가져야 한다.

최고의 경쟁력을 갖춘 강한 팀이 되기 위해서 일을 잘할 가능성이 높은 사람을 많이 채용하고, 그들에게 최고의 팀원이 되기 위한 무기와 도구를 제공하고 각종 Motivation을 통해 팀원 모두를 행복한 성공자로 인도해야 한다. 그리고 그들에게 제대로 된 Training 과정을 이수시켜 회사를 통해 이루고 싶은 꿈을 이루도록 도움을 줄 수 있어야 한다.

그러기 위해서 팀장은 '좋은 사람이란 어떤 사람이며, 어떤 도구와 무기를 제공하여 무림의 고수로 만들어 갈 것이냐?'를 항상 고민하여 답을 내려야 한다. 또한 자신의 분야의 성공 메커니즘을 이해하고 있어야 하고, 보험영업 분야에서 고수가 되겠다는 사람들은 이러한 개념을 알고 있어야 한다.

팀장의 역할이 이리 중요한데 하물며 팀의 상위조직을 이끄는 센터장의 중요성은 말하지 않아도 알 것이다. 이러한 콘셉트를 제대로 이해하고 있는 직원들로 구성된 팀이 강하고 좋은 팀이며 좋은 회사이다.

■■ 회사가 바라는 팀장의 역할은?

1. Recruiting
2. Training
3. Motivation

이 세 가지를 잘하여 회사가 원하는 생산성과 정착률을 높이고, 직원들이 오래오래 근무할 수 있도록 도움을 주고 서비스하여 각자가 꿈꾸는 행복한 성공을 하도록 리드하는 것이다.

따라서 좋은 사람들을 많이 뽑을 수 있는 Recruiting Process 정립과 채용 후의 Training System 구축, Performance Review를 통한 Motivation Process 정립이 대단히 중요하다.

팀장은 자기가 아니면 해결할 수 없는 일과 먼저 해야 하는 일의 우선순위를 설정하여, 그 임무를 잘 수행했을 때 정당한 평가와 보상을 받아야 한다(Re, 코칭, 실적관리, 카운슬링, 유지, 정착 등).

■■ 팀장에게 필요한 역량이란?

1. Leader
2. Supporter
3. Partner

우수한 팀원이 되는 것보다 우수한 팀장이 되는 것이 10배 힘들다. 팀장은 항상 행복한 성공에 대한 비전공유를 통해 성공의 메커니즘을 이해할 수 있도록 끊임없이 노력해야 한다.

Supporter, Partner가 선행되면 Leadership이 저절로 생긴다. 처음엔 Supporetr, Partner가 되지만 어느 정도 성과가 있으면 권위적으로 바뀌는 것을 조심해야 한다. 대부분의 팀장은 자신의 역할을 '이해'

하면서도 '실천'하지 않는 문제를 안고 있다.

훌륭한 팀장은 "Go!" 대신 "Let's go!" "Follow me!"라고 한다.

■■ Manager Ship의 기본은?

· 전제조건 - 팀장은 높은 사람이 아니며, 회사의 정책을 영업 최일선에서
 수행하고 팀원의 성공을 위해 도움을 주는 사람이다.
 첫째, 마음으로부터 진정 팀원들의 행복한 성공을 생각하는 사람.
 둘째, 팀원을 키우고 성장시키는 것에 올인할 사람.
 셋째, 차별 없이 공평하게 조직원을 대하는 사람. 편애하면 안 된다.

팀장들은 자신의 행동이 어떻게 다른 사람들에게 도움을 주고 어떻게 조직을 변화시키는지부터 이해해야 한다. 성공을 위해서는 성공을 초래하는 원칙을 준수하는 일이 필요하다. 성공한 사람들의 행위를 단순히 모방하는 것에 그쳐서는 안 된다.

우선 팀장이 해야 할 일은 원칙을 세운 다음 누가 원칙을 지키고 누가 원칙을 지키지 않는지를 지켜보는 것이다. 제일 중요한 것은 원칙을 세우고 팀장 자신이 그 원칙을 지키는 것이다. 작은 원칙이라도 일단 무너지기 시작하면 아무리 큰 조직이라도 한순간에 무너져 내릴 수 있다.

모든 스포츠에서 룰을 지키지 않고 반칙을 하게 되면 옐로우카드

나 레드카드가 나온다. 정정당당하게 실력을 배양해서 승률을 높여야 자신과 팀의 몸값이 함께 올라갈 수 있는 것이다.

■■ 팀장의 성공관건은?

첫째, '기본에 충실한가?'이다. 기본을 벗어나서 성공하는 사람은 극소수일 뿐, 대다수는 실패한다. 자신의 재능을 너무 과신하지 말고 기본에 충실해야 한다. 팀장은 특히 기본에서 벗어나면 안 된다.

둘째, 팀장은 혼자 일을 처리하는 사람이 아니라 함께 일할 사람을 채용하고, 교육하여 팀원을 육성하는 사람이란 것을 잊어선 안 된다.

셋째, 대형 팀장이 되겠다는 욕망보다는 절대 실패하지 않는 팀장이 되려고 하는 것이 중요하다.

넷째, 팀장의 사명은 '팀원을 성공시켜야 하는 의무 + 본인이 성공해야 하는 의무'다. 즉 팀원의 성공과 발전이 팀장 스스로의 인생의 좌우명이 되어야 한다.

팀원 한 사람 한 사람의 이름 석 자와 얼굴을 널리 알리는 것, 이것이 곧 Motivation이다. Motivation을 느끼는 것은 개인마다 다르지만, 대부분의 팀원들은 팀장이 자신을 위해서 무엇인가를 하고 있다는 것을 알면 감사한 마음을 가지고 더 열심히 팀에 보답하려고 노력하게 된다.

다섯째, 팀원은 소속팀과 팀장에 따라 실적이 달라진다. 팀장은 자신이 키운 팀원의 성장을 보면서 보람을 느껴야 한다. 예전 보험영업 팀장 시절에 팀원의 신뢰를 받아 자연스럽게 비슷한 연령층의 리쿠르팅 대상자를 많이 확보할 수 있어 많은 도움을 받은 적이 있다.

■ 행복한 성공을 꿈꾸는 팀장이 갖춰야 할 기본은?

역사적 인물이나 유명한 프로운동 선수들, 올림픽 메달리스트 등은 대단히 위대한 사람들이다. 그러나 더욱 위대한 사람들은 그들을 지도하고 육성한 사람임을 기억하자.

훌륭한 팀장이라면 다음과 같은 기본자세를 갖추고 있어야 한다.

첫째, 팀원들을 행복한 성공으로 이끌어 성공의 경험을 쌓게 하며, 미래에 대한 확신을 가르친다. 어떻게 하는가를 솔선수범해 보이며 개개인의 가슴에 희망의 불을 지펴 정열을 만들어 준다. 또한 잘못된 문화를 고치고, 일에 흥미를 갖게 리드한다.

둘째, 활동이 습관화되도록 지도하며, 반드시 성과를 이룰 수 있도록 지도한다. 신입 팀원의 장래는 반복적인 연습을 통해 새로운 습관을 들일 수 있느냐에 달려있다. 초기 3개월(12주)의 경험을 소중히 생각하여 3개월 코칭 프로그램에 집중해야 한다. 그렇지 않으면 팀원 육성이 어렵다.

셋째, 팀장은 자기 직업에 프라이드를 가져야 한다. 팀장의 자신

있는 태도가 상대방의 호기심을 자극하고, 상대방으로 하여금 이런 회사에서 이런 사람들과 일하고 싶고, 나도 이런 꿈을 이루고 싶다는 분위기가 저절로 우러나오게 해야 한다.

넷째, 상대방에게 꿈을 심어주고 꿈을 키워주는 리쿠르팅, 인원 채용활동에서 첫인상이(복장상태 등) 불량하면 안 된다. 맨 처음에 리쿠르팅하는 사람을 자신의 분신으로 하여 성공모델을 만들고, 새로운 사람을 리쿠르팅할 때는 팀장과 동일한 대화를 할 수 있도록 만들어야 한다.

다섯째, 자신의 비즈니스 플랜을 가져야 한다. 최초 1년은 '팀 구성기'이고 2년차는 '팀 성장기'다. 3년차는 팀 활성을 통해 Next Level로 나아가야 한다.

여섯째, 고수 팀장은 Top Sales Man을 리쿠르팅하는 것이 아니라 보통사람을 리쿠르팅하여 고수로 훈련시키는 것이다. 즉 훌륭한 트레이너가 고수 팀장이다.

일곱째, 팀장 자신의 수입보다 팀원의 성공과 팀원의 수입이 늘어나는 것에 정열을 바쳐야 한다. 그것으로 기뻐하고 만족하면 매니저로서 성공할 확률이 높다.

여덟째, 결코 실패하는 팀원을 키워서는 안 된다. 실패하는 팀원을 키운 팀장은 성공할 수 없다. 팀원을 자기가 가르칠 수 있다는 것과 팀장 자신이 직접 할 수 있다는 것은 다르다. 성공 메커니즘을 이해해야 남을 교육시킬 수 있다. 대량도입 대량탈락이 반복되어서는 발전이 없다.

아홉째, 팀장은 스피치 연습을 열심히 해야 한다. 간결하고 간단하게 Impact를 가해서 Speech! 하여야 한다. 가끔 팀원에게 현재의 고민을 3분 동안 스피치하는 시간을 마련하는 것이 중요하다.

〈보험영업의 예〉

특히나 보험영업에 있어서 팀장의 역할은 매우 크다. 보험영업을 주로 하는 기업의 이미지는 멋있는 본사 빌딩이나 사장의 이미지로 결정되는 것이 아니라, 영업 최일선에서 고객을 직접 응대하는 보험영업인 한 명 한 명에 대해 고객이 느끼는 이미지에 의해 결정된다. 그러니 그런 보험영업인을 키우는 팀장에겐 막중한 책임감이 내려진 것이다.

· 리쿠르팅 대상자를 파악하려면?
"Recruiting is Everything!"이다.
분위기, 생산성, 유지율 · 정착율 개선 등 모든 영업적인 문제들은 좋은 후보자를 많이 채용함으로써 문제해결이 가능하다.
팀장은 사람 보는 눈을 가져야 한다. 리쿠르팅의 관건은 팀장 스스로의 보험영업 job에 대한 믿음이다. 그것이 리쿠리팅 성공의 척도이며, 리쿠르팅을 통해 조직을 활성화시킬 수 있다.

첫째, 행복한 성공의 인자를 가진 영업사원은 전문직업의식 + SalesMan

Ship + Sports Man Ship(선의의 경쟁의식)의 장점을 고루 갖추고 있다.

둘째, 리쿠르팅은 머릿속으로는 이해가 되는데 행동으로는 잘 옮겨지지 않으므로, 일상생활과 같이 매일매일 생각하고 거의 습관화해야 한다.

셋째, 리쿠르팅 대상자를 LIST-UP해서 회사설명회 참여를 유도하고, 리쿠르팅 스케줄을 눈에 보이도록 항상 기록한다. 되도록이면 회사설명회에 많이 참가시켜 객관적인 자료와 검증 Session 과정을 거쳐 채용함이 바람직하다.

넷째, 좋은 사람만 리쿠르팅하려면 금방 한계가 온다. 그러니 접근단계에서는 최소한의 조건을 갖추면 되도록 많은 사람을 회사설명회에 참가시켜야 하는 것이 원칙이다. 리쿠르팅에서의 기본은 회사설명회에 인원을 많이 참여시키는 것이며, 우수한 사람인지의 여부는 그 다음 문제다.

다섯째, 기계약자도 Prospect에 포함시켜 회사설명회 참가를 유도하여 그들로부터 소개를 유도하면 효과가 대단히 좋다.

여섯째, Training이 따라가지 못하는 과도한 목표는 needs 세일, 영업패턴, 영업철학 등에서 부작용을 낳게 되어 대량도입, 대량탈락의 악순환이 반복된다.

일곱째, 팀장은 계속적으로 리쿠르팅 활동을 습관화하는 것이 관건이다. 거절당하는 것을 보고 영업사원들처럼 고민하고 있음을 보여주어야 한다. 또한 가망고객의 발굴이 대단히 중요하다. 항상 새로운 물을 공급해 가면서 수위를 유지해야 한다.

· 보험영업인의 문제를 해결해 주려면?

대부분의 보험영업인이 불편하게 생각하는 문제들이 있다.

첫째는 고객과 약속을 잡는 것, 둘째는 거절에 대한 것, 셋째는 가망고객을 계속 늘려 나가는 것이다.

보험영업인이 알아야 할 것은 어떤 지식이나 기술도 고객을 직접 상담하는 것보다는 못하다는 사실이다. 행복한 성공을 하려면 고능률 사원이 되는 것보다 오래오래 근무할 자세부터 갖추는 것이 더 중요하다. 지식이나 기술 등은 회사나 조직에서 제공해 주겠지만 이러한 마음가짐은 스스로 갖추어야 하고, 또 자신이 해야 할 것은 해주어야 한다.

매일매일 이 일을 평생토록 하기 위한 기반을 다지겠다는 각오가 중요하다. 고생하는 초기 1~2년은 반드시 여러분의 미래를 밝게 해줄 것이다.

콩 심은 데 콩 나고 팥 심은 데 팥 난다. 싸구려 종자를 심어놓고 값비싼 수확을 바라거나, 적게 심어놓고 많이 수확하기를 바라는 마음이 잘못이지, 세상이나 고객 잘못이 아니다.

항상 신경 써서 보험영업 현장에서 뛰고 있는 직원들의 문제를 체크하고, 그 문제를 해결하기 위한 방법들을 제시하고 도와주고 서비스하라. 그러면 된다.

■■ 어떻게 하면 오래 근무할 수 있을까?

보험영업일은 우선 오래할 가치가 충분히 있다.

한 분야의 최고가 되기 위해서는 올림픽에서 메달을 딴 훌륭한 선수들처럼 천 번, 만 번의 시도를 해야 한다. 보험영업에서는 실패나 거절의 경험이 더 중요하다. 쓰라린 실패와 거절을 경험한 후에 리뷰를 하면 더 큰 효과가 나타난다.

최근에 보험영업에 뛰어든 후배들을 보면 난관에 부딪혔을 때 스스로의 노력으로 극복할 생각보다는 그저 빠른 시간 안에 잘되기를 바라기만 한다. 보험일은 철저히 밑바닥부터 올라가야 튼튼해지는 구조를 갖고 있다. 그런데 이를 무시하고 너무 빨리 결과물을 얻으려고 하니 당연히 성장통을 겪는 것이다. 어떤 방식으로든 고객에게 도움이 되겠다는 마음자세를 갖추고 있어야 오래오래 근무할 수 있다.

우리 일에 있어서 3W(일주일에 3건의 보험계약 체결)의 12주, 25주, 50주, 100주 이상 경험이 있으면 앞으로 행복한 성공의 기반을 다질 수 있다. 해외시책이나 MDRT, COT, TOT를 달성하는 것이 중요한 것이 아니라 직접 가서 동참해서 보고 듣고 느끼는 것이 더 중요하다.

이런 이유들 때문에 어렵다고 중간에 그만두는 보험영업인이 아니라 끝까지 고객을 책임지며 자신이 속한 조직을 위해 애쓸 사람이 필요한 것이다.

그런 사람을 찾아라. 그러면 당신도 행복한 성공을 할 수 있다.

나에게는 보험영업 사원들의 수준을 한 단계 올려놓겠다는 소박한 꿈이 있다. 축구로 비유하자면 왼발 오른발을 자유자재로 쓰는 선수들처럼 어떤 상황에서도 고객을 만족하게 할 수 있는 보험영업인으로서 대한민국 보험업계를 놀라게 하고 싶다.

이 때문에 항상 신개념의 보험영업 문화를 정착시키기 위해 무엇을 무엇으로 개선하면 좋을지에 대해 많이 고민하고 있다.

솔선수범하고 언행일치하는 문화, 약속을 반드시 지키고 시스템으로 이겨낼 수 있는 문화, 즉 동료의식과 파이팅 문화를 만들고 싶다. 그러려면 철두철미하게 처음으로 돌아가 기본기를 탄탄히 다져야 한다.

모든 보험영업인들은 리더들이 취하는 태도에 영향을 받으며, 모두가 당신을 지켜보고 있다는 사실을 명심하길 바란다.

지금 보험영업 방식이 변하고 있다.

보험업계의 승자와 패자는 누구이며 승패를 가르는 원인은 무엇인가? 각자의 보험영업실적은 성장하고 있는가? 그렇지 않은데도 보험영업을 계속하고 싶다면 비즈니스 방식을 어떻게 해야 할까? 스스로 변화가 주는 성장기회를 찾고 이용하기 위해 발 빠르게 움직이고 있는가? 어떻게 하면 돈을 더 벌고 오래오래 근무할 수 있을까?

우리 모두는 이러한 질문에 대한 답을 찾고 반드시 그 답을 자신의 것으로 만들어야 한다. 그리하여 최근에 많은 아픔을 안고 있는 보험영업인들에게 꿈과 희망을 주어야 한다.

이윤을 내지 못하는 기업은 의미가 없다. 그건 당연하다. 하지만 오로지 이익만이 목표가 되었을 때 외형적으로는 계속 성장할지 모르지만 인성이 반듯한 직원들과 함께하는 행복한 성공이 없다면 무슨 의미가 있겠는가?

'행복한 성공'에서의 진정한 행복은 나만의 행복뿐 아니라 직원들의 행복, 고객들의 행복이 함께할 때 찾아올 것이다.

메트라이프 사 근무 당시

06 신뢰받는 사람의 조건

HAPPY ACTION

　미국의 16대 대통령 링컨이 남긴 명언 중에 '40대는 자기 얼굴에 책임을 지는 나이'라는 유명한 말이 있다. 즉 자신의 얼굴은 자기가 만든다는 것이다. 얼굴에는 본인의 생각이나 사고방식 등이 겉으로 드러나기 때문이다.

　그래서 나도 사람 보는 원칙 중 첫 번째로 '그 사람의 얼굴이 밝고 맑은가?'를 중요시 한다. 사람에는 두 종류가 있다. 같은 공간에 있는 것만으로도 주위가 밝아지는 사람과 공간에서 나감으로써 주위가 밝아지는 사람이다. 일을 잘하는 사람도 중요하지만 타인에게 편안함을 주며 주변의 분위기가 부드러워지는 귀감이 될 만한 사람이 되어야 한다. 인상을 찡그리고 새침하게 있어봐야 아무도 도와주지 않는다. 항상 밝고 맑은 사람이 되기 위해 노력해야 인상을 바꿀 수 있다.

두 번째로 운동을 좋아하는 사람을 중요시 한다. 유교 사상에서 '수신제가 치국평천하修身齊家 治國平天下'라 했다. 운동을 좋아하는 사람은 자기관리 능력이 있다는 의미다. 특히 개인운동보다는 축구나 야구, 농구 등 단체운동을 좋아하는 사람이 사회에서 더 환영을 받는다. 많은 사람과 함께하기에 모가 나지 않은 원만한 성격일 확률이 높기 때문이다.

현대사회는 팀워크가 중요하다. 행복한 성공은 자기관리와 대인관계의 조화이다. 우리는 사람들 때문에 행복해 하기도 하고 또 심한 고통을 받기도 한다. 가정도 직장도 서로가 해야 할 일을 하지 못하면 누군가 그 사람으로 인한 피해를 고스란히 떠안게 된다. 각자의 역할 수행이 중요하다.

개인주의와 이기주의, 자기 것만 챙기는 사람, 양보심이 부족하고 타인에 대한 배려하는 마음이 없는 사람 등은 주변을 힘들게 한다.

행복한 성공은 혼자 하는 것이 아니라 같이 하는 것이다. 내가 속한 조직이 잘되면 나에게 주어지는 보상도 많아지므로 내가 속한 회사나 팀이 잘되는 것이 중요하다.

나의 성공이 곧 내가 속한 조직의 성공인 것이다. 즉 나도 잘되고 당신도 잘되기를 기원하는 이런 마음가짐이 바로 팀워크이고 진정한 동료에 대한 배려이다.

타인에게 존중받지 못한 성공은 의미가 없으며 스스로도 힘들다. 어떤 때는 운동도 같이 하고 힘든 산행도 같이 하면서 다른 사람을 가까이에서 이해하려고 노력하는 것이 필요하다.

대부분 운동을 좋아하는 사람들은 건강하고 대범하며 좀스럽지 않다. 타인에게 긍정적인 영향을 많이 끼쳐 행복한 성공의 길로 함께 갈수 있는 훌륭한 파트너가 될 수 있다. 일을 잘하는 것도 중요하지만 단체운동을 통해 인성과 인품을 바르게 겸양한 사람이 더 좋은 문화를 만들 수 있다.

세 번째로 중요한 것이 성실성이다.

나는 후보생 시절 시간을 지키는 훈련을 철저히 받았다. 모든 과업을 시작하기 전에 '15분 전' '5분 전' '정시 시작'이라는 3단계에 대한 교육을 4년간 받았다. 예를 들면 일어날 때도 총원 기상 15분 전, 총원 기상 5분 전, 수업 시작 15분 전, 수업 시작 5분 전, 순검 15분 전, 순검 5분 전 등의 식이었다. 식사할 때도 예외가 아니었다.

이유는 실무에 투입되어 해상근무를 할 때 수백억 원 자산가치가 있는 배를 운항하여 화주와 회사의 업무를 대리 수행해야 하고, 수많은 선원들과 가족들의 안전과 미래를 책임져야 할 막중한 임무를 맡고 있기 때문이다.

만약 몇 날 몇 시에 출항을 해야 하는데 상륙 후 지각하거나 잘못되면, 현지상황에선 막대한 웨이팅 비용이 발생되고 엄청난 재산상의 손실을 가져온다. 부두 사용료, 용선료, 파일럿, 터그보트, 부두 인원, 도착 지연으로 인한 화주 손실 등이 그것이다.

이뿐 아니라 출항 후의 당직근무 및 해상업무 수행에도 차질이 빚어지므로 해외에서 제시간에 승선을 못하면 그 사람을 두고 배는 출항을 해버린다. 그럼 개인이 모든 경비를 자비로 부담하고 귀국해야 한다. 이러한 사고를 미연에 방지하기 위해 후보생 시절인 4년 동안 철저한 교육을 받는 것이다.

아무리 실력이 좋아도 성실성이 떨어지는 사람에게 일을 맡길 믿음은 생기지 않는다. 성실성을 알아볼 수 있는 첫 번째 조건은 시간 약속을 지키는 것이다. 그러나 대부분의 성실치 못한 사람들은 갖가지 핑계를 댄다.

그중 흔히 대는 핑계가 대중교통이다. 흔히 사람들은 본인이 버스 정류장에 도착하자마자 바로 버스가 대기하고 있다고 착각하고 약속시간에 아슬아슬하게 집을 나선다. 운 좋게 기다리고 있을 수도 바로 도착할 수도 있지만 기다려야 할 때도 있다. 예기치 못한 교통체증이 있을 수도 있다는 것을 생각하지 못한다.

이런 약속의 불성실이행과 핑계는 상대에게 좋은 인상을 심어주지 못한다. 특히 비즈니스 관계에선 치명적이다. 15분 전쯤에 미리미리 도착해서 자료를 점검하고 복장이나 외모를 체크하며 마음의 여유를 갖고 준비하는 사람과 헐레벌떡 일에 임하는 사람과는 하늘과 땅 차이다.

일을 하겠다는 것인지 안 하겠다는 것인지 상대가 분간하기 힘들다면 당신은 성실하지 못한 사람이다. '하기로 한 것을 하는 것!' 그것이 곧 솔선수범이고 언행일치다. 하려면 똑바로 하고 아니면 하지 마라.

07 개척자로서의 삶을 살라

HAPPY ACTION

나는 '맨 땅에 헤딩' 전문가다. 무에서 유를 창조하고 누구나 두려워하는 새로운 조직을 구축하여 최고의 조직으로 만들어 내는 것이 나의 강점이다. 메트라이프에서든 라이나생명에서든 마찬가지였다.

당시 나도 그렇지만 같이 근무하던 직원들 중에서도 사는 게 너무 힘든 사람들이 많았다. 그래서 나는 어떻게 하면 저 사람들을 잘살게 만들 수 있을까를 항상 고민하게 되었다. 그러려면 힘이 있어야 했는데 보험회사의 경우에는 그것이 조직의 힘이었다. 개인의 역량이 조금 부족해도 자신이 속한 조직의 힘이 강하면, 다양한 지원이나 체력을 보강할 수 있는 시간적 여유 등의 많은 도움을 받을 수 있었다.

그때부터 나는 동종업계에서 잘한다고 소문난 사람들을 찾아 다녔다. 어떻게 그렇게 일을 잘하냐고 물었고 그 답을 얻었으며 그 답대로 실천했다. 그랬더니 나도 잘되고, 내가 똑같이 가르쳐 준 사람들도 다 잘됐다.

그 후 나는 일을 잘할 가능성이 높은 후보자들을 물색하기 시작했다. 3달여를 매일같이 한 후보자의 집으로 찾아가 설명하고 함께 일할 것을 권하기도 했다. 심지어는 아내까지 대동하여 진심을 전달하기 위해 찾아간 것만 해도 셀 수 없이 많았다.

나의 진정성이 통했던 걸까. 그렇게 일을 시작한 후보자는 메트라이프의 초대 챔피언이 되었고, 그분으로부터 약 20여 명의 MDRT(Million Dollar Round Table : 그해 보험금 기준으로 100만 달러 이상을 계약한 사람들)와 COT(MDRT 실적의 3배 이상을 기록한 사람)급을 소개받을 수 있었다.

당시 일을 시작하신 분들 중에는 근 20년이 넘게 업계 최상위자로 근무하고 계신 분도 있다. 무척 자랑스럽고 존경심이 절로 우러나온다. 그렇게 해서 그분 다음으로 또 챔피언이 나오고, 더불어 챔피언급 직원들과 같이 근무하게 되니 챔피언 팀장, 챔피언 지점장도 자연스럽게 많이 배출할 수 있었다. 그분들이 오늘날까지 업계를 리드하고 있는 모습에 더할 수 없는 뿌듯함을 느낀다.

그때 내가 했던 것은 일종의 의식 개혁운동이었다. 전통의 보험시장에서 종신보험이 처음 도입되던 때라 생명보험의 가치를 제대로 이해하지 못한 고객들에게 어떻게 하면 그 필요성을 느끼게 할 것인가에 초점을 맞추었다.

잘못 알고 있는 사람들에게는 올바른 정보를 전달하고, 잘 알고 있는 사람들에게는 주변의 모르는 사람들을 소개받는 식으로 전략을 연구하고 실행에 옮기고 또다시 검토하는 일을 할 수 있는 사람들을 선별하여 채용해 나갔다. 정말 강철 같은 체력을 바탕으로 오로지 '시장을 선점해서 최고가 되자!'라는 일념으로 반복하고 또 반복했다.

"우리도 잘할 수 있다. 기회는 왔다. 할 일을 다하자. 한번 잘살아보자. 우리가 부족한 것이 무엇인가. 남들 배운 만큼 배웠고, 가족이 못났나 자식이 못났나. 길고 짧은 건 대봐야 알지 않는가. 여러분이 부족한가 내가 부족한가. 우리가 사는 길은 이 길밖에 없으니 서로 손에 손을 잡고 같이 해보자."

이렇게 매일 매 순간 자신감을 갖게 하고 결속력을 다지고 서로 격려하고 파이팅하고 선의의 경쟁도 하고 가끔 질투도 하면서 꿈을 꾸고 그 꿈을 현실로 만드는 일을 했다. '한번 하니 되네! 어, 그럼 나도 할 수 있겠네!' 그렇게 해서 되고 또 되고…. 연이어 도전하고 시범을 보여주고 성공사례를 만들었다. 겨우 100~200만 원대 받던 급여를 분들이 월 2,000~3,000만 원을 넘는 급여통장을 받아든 모습을 상상할 수 있겠는가. 그때를 시점으로 그분들의 인생이 바뀌었고, 그 덕분에 자녀들의 미래가 바뀌었으며 더 나아가 가족들의 미래까지도 바꿀 수 있었다. 그래서 다들 힘은 들었지만 그때 시작하길 정말 잘했다고 말해 준다.

힘들고 어렵고 스트레스 많이 받고 오래오래 근무하기 불가능하다고 생각했던 직업이지만, 나는 같은 방법으로 라이나생명에서도 기대 이상의 성과를 올릴 수 있었다. 라이나생명이 한국에 진출한 지

25년 동안 미진출 지역으로 남아 있던 부산에, 특히나 대면 영업에는 경험이 많았지만 텔레마케트영업엔 경험이 전혀 없었던 상황에서 부산시와 MOU(Memorandum of Understanding : 양해각서. 서로에게 일정기간동안 우선협상권을 부여, 배타적인 협상을 한다는 약속)를 체결하였다. 그리고 신규 론칭 1년 반 만에 500여 명의 영업사원들과 매니저들이 행복한 성공을 꿈꾸며 실천하는 그런 직장으로 만들었다.

지금은 본부장 자리를 후배에게 물려주고 또 다른 새로운 꿈을 꾸고 있다. 내 인생의 시그모이드 곡선을 하나 더 그리게 된 것이다. 나는 뛰는 가슴을 주체할 수 없을 정도로 정신없이 바쁜 청춘의 한 자락을 보냈다. 그때를 떠올릴 때마다 이런 일을 가능하게 해준 내 직업 자체에 무척 감사하다. 또한 그 당시 나와 함께 동고동락했던 옛 동료들에게도 무척 고맙다.

늦었다고 생각하는 모든 이들에게 자신이니 알지 못하는 청춘이 남아 있다. 아직 살아갈 날이 구만리고 게임은 끝나지 않았다. 행복한 성공의 마무리를 위해, 또 다른 넥스트 레벨next-level을 향하여 다시 한 번 힘차게 일어나야 한다.

08 사람의 마음을 얻으면 성과는 따라온다

HAPPY ACTION

영업실적이 부진한 메트라이프 가람지점을 맡았을 때였다. 제2의 창업이라 생각하고 밑바닥부터 다시 시작해야 했다. 마누라 빼고 다 바꾸듯 모두 바꿔야 했다. 그렇게 하지 않으면 살아남을 수가 없었다.

그 당시 나를 제일 힘들게 한 것은 몸이 아니었다. 불신, 반목, 질투, 서로가 한마음 한뜻이 안 되는 것이 힘들었다. 결국 처음부터 혼자 다시 시작한다는 마음으로 뛸 수밖에 없었다.

예전에는 지점의 규모보다는 기술력을 키우는 데 힘을 쏟았다. 그래야 했고 그 길밖에 없기도 했다. 하지만 이제는 규모를 키워야 하는 시기가 되었다. 지금이 적기라고 판단하고 그때부터 영업의 방향을 전환했다.

정형화된 콘셉트를 지니지 않은 큰 규모의 조직은 고수익을 보장하는 것처럼 보이지만, 그만큼 여러 가지 위험에 노출될 일도 많다.

부실구조를 개선하지 않고 적절한 계획 없이 직원들을 채용하여 주먹구구식으로 경영을 해왔기에 많은 지점들이 쉽게 무너졌다. 게다가 덩치가 클수록 위험이 닥치면 유연하게 대응하기가 힘들었다.

더 이상 지난 시대의 양적 성장방식으로는 경쟁력을 키울 수 없게 되었다. 보험영업인 수가 많아야 지점 매출이 좋아진다는 것이 관행이던 때였지만, 나는 정반대의 전략을 취하기로 했다.

그때 필요한 것이 퀄리티였다. 고부가 원천기술이 최선임을 깨달았기 때문이다. 직원들의 퀄리티만 높이면 그동안 고민했던 이미지 개선, 생산성 향상, 비전 공유 등이 해결될 것이라고 확신했다. 이런 결심을 뒷받침해 줄 결정적 계기가 생긴 것은 정말 커다란 행운이었다.

바로 가람의 원조 멤버들이 매니저와 직원으로 세팅된 것이었다. 매니저가 구축되고 영업사원 개개인이 콘셉트를 잡아가며 지점의 체제를 정비하면서, 지점명도 가람으로 개명하여 다음 단계에 도전하게 되었다.

영업 진용을 재편한 뒤에는 영업보다 직원 훈련에 집중했다. 주먹구구식 영업으로는 지점의 미래가 없다고 판단했다. 먼저 업계 성공자들의 경험이 수록된 책을 읽고 강의도 들었다. 그 후 이를 롤 플레이 하면서 우리 일의 가치를 재정립했다. 그리고 자부심을 고취하고 단결하여 공동의 목표를 달성함으로써, 개인의 꿈에 가까워질 수 있다는 것을 공유했다.

직원들의 훈련이 제대로 이루어지면 영업결과는 자연스레 따라올 것이라는 믿음도 있었다. 그렇게 철저한 반성과 한 발 앞선 출발로 블루마켓을 선점하기 위해 노력했다. 힘이 들고 어려웠지만 고난을 참고 이겨냈을 때, 함께 고생했던 우리 눈앞에 펼쳐질 낙원을 생각하면서 이겨 나갔다.

이러한 과정을 통해 나는 조직 변화에 대한 의미 있는 체험을 하게 되었으며, 본부장으로서 조직 구성원들의 개개인의 역량을 믿는 것이 얼마나 중요한가를 깨달았다. 또한 개인의 꿈과 조직의 꿈이 한 방향으로 갈 때, 엄청난 시너지 효과를 나타낸다는 것을 절감했다.

인간관계에서 가장 중요한 요소 중 하나가 신뢰다. 어떤 일이든 그 출발선상에는 사람이 있다. 사람들과 관계하지 않고 살아가는 이는 없으며 사람이 개입하지 않은 일은 세상에 없다.

칭찬과 인정, 그리고 믿음은 사람을 스스로 움직이게 만드는 힘이 있다. 터놓고 대화하여 오픈 마인드 상태에서 조직 구성원들의 자발성을 이끌어 내야 한다. 이러한 자발성을 끌어내는 방법이 인정해 주고 밀어주는 것이다. 따라서 상벌이 명확하여 큰 성과를 냈거나 타인의 귀감이 되는 언행을 하게 되면 포상을 아끼지 않아야 한다.

함께 한 방향으로 가기 위해서는 용기와 결단이 필요하다. 그리고 행동으로 옮기는 실천이 따라야 한다. 가늠자와 가늠쇠를 목표물에 일치시켜야 하는 것이다.

쉬운 도전은 아니었지만 함께 일하는 사람들의 마음을 얻고 나니,

매일매일 뭔가 꿈틀거리는 힘을 느낄 수 있었다. 나를 믿고 따라주는 직원들이 있는 한 결코 약해질 수도 쓰러질 수도 없었다.

기회란 늘 위기라는 얼굴로 찾아온다고 한다. 힘들고 어려웠던 가람지점의 지점장을 맡지 않았다면, 그리고 그곳에서 사람들의 마음을 얻지 못했다면 오늘날의 부산본부는 없었을 것이다.

09 원칙을 세우고 따르라

HAPPY ACTION

■■ 언행일치는 신뢰의 지름길이다

『논어論語』「선진先秦」편에 '삼복백규三復白圭'라는 고사가 나온다.

남용이 '백규'란 내용의 시를 하루에 세 번 반복하니, 공자가 자신의 형님의 딸을 그에게 아내로 삼도록 하였다南容三復白圭 孔子以其兄之子는 뜻이다.

남용은 공자의 제자다. 그가 반복한 시는 『시경詩經』에 나오는 '흰 구슬의 티는 오히려 갈 수 있지만 말의 흠은 어찌할 수 없네白圭之玷 尙可磨也 斯言之玷 不可爲也.'라는 구절이다. 다시 말해 일단 내뱉은 말은 수습할 도리가 없다는 의미로, 하루에 세 번씩 가슴에 새기며 언행에 신중을 기한다는 뜻이다.

누구나 알고 있지만 잘할 수 없는 게 바로 이 언행일치다. 말만 번지르하고 실행은 하지 않는다거나, 매번 말과는 다르게 행동하는 사람들을 우리 주변에서도 쉽게 보게 된다. 그런 이들을 보면 당연히 믿음이 가지 않을뿐더러, 얼마 안 가 관계마저도 소원해지기 마련이다.

사람들에게 "당신은 어떤 사람을 신뢰하고 있는가?"라는 질문을 던지면, 대부분 언행일치를 첫 번째 덕목으로 꼽는다. 그만큼 말과 행동이 하나로 들어맞는 사람에게 신뢰감을 갖는다는 의미다.

그러므로 항상 말을 할 때는 비록 한마디의 말일지라도 함부로 해서는 안 되며, 자신이 내뱉은 말에 대해서는 반드시 끝까지 책임지는 행동을 취해야 한다. 그럴 때 상대방도 비로소 마음을 열고 여러분을 신뢰하고, 성공을 향한 여러분의 발걸음에 힘을 실어줄 것이다.

■■ 자립정신으로 정정당당하게!

사람의 욕심에는 한도 끝도 없다.

권력이나 재물을 갖고 있는 사람 주변에는 혹시 떡고물이라도 떨어질까 기대하며 기웃거리는 사람들이 있다. 어떤 것에서든 공짜를 기대하는 것은, 자유롭고 떳떳한 인간으로서의 긍지를 스스로 포기하는 것이다.

이런 사람들 대부분은 가진 자의 비위를 맞추느라 비굴해지는 것도 마다하지 않는다. 게다가 시기심에 눈이 멀어 남은 목숨을 걸고 일궈낸 성과를 그저 운이 좋아서, 시기를 잘 만나서, 부모 덕택 등등으로 평가절하 해버린다.

그러나 적어도 정신이 살아 있는 사람이라면 그렇지 않다. 오랜 시간 고민하고, 방향을 설정한 후에 계획을 수립하고 실행하며 여러 시행착오를 거쳐 확률적으로도 이르기 어려운 성공에 오른 사람들의 가치를 제대로 인정할 줄 아는 자세가 갖춰져 있다.

사람의 기본은 자립이다. 자신의 능력으로 살아가는 것이야말로 성숙한 인간으로서의 기본정신이건만, 자꾸 남의 떡만 커 보이고 사회나 주위의 도움을 바라는 것은 자립의사가 없다는 것이다. 이런 사람들은 욕구는 더 많아지고 그에 비례하여 불만도 커진다.

자립의 긍지만한 즐거움도 없다. 작지만 알찬 것을 내 손으로 직접 일궈낸 기쁨은 겪어보지 않은 사람들은 알 수 없는 행복이다. 작은 것 하나하나가 모여 나만의 필살기가 되는 것이다. 정정당당하게 남에게 예속되거나 의지하지 않고 스스로 설 때, 행복한 성공에 한 걸음 더 다가갈 수 있는 것임을 잊지 말자.

일에 있어서도 마찬가지다. 한 개 팀, 한 개 센터 역시 하나의 회사다. 한 개 팀의 성공이 곧 회사의 성공인 것이다. 여러분들이 맡은 조직이 자립해야 행복한 성공을 이룬 조직이 된다.

■■ 차별화가 경쟁력이다

남들과 똑같은 생각을 버리지 못하면, 경쟁이 없는 블루마켓이 아닌 치열한 경쟁시장인 레드마켓으로 제 발로 걸어 들어가는 꼴이다. 개인이든 기업이든 차별화가 안 되면 80% 이상의 레드마켓에서 이만저만 고생이 아니다. 그러므로 고정관념을 버리고 상식에 얽매이지 않으면서, 자신만의 차별화된 전략을 세워야 한다.

음식점만 보더라도 잘되는 식당은 뭐가 달라도 다르다. 음식의 맛은 물론이요 주인의 식당 경영관이 다르다. 미세한 부분까지의 관심과 애정이 남다르고 종업원들의 서비스 태도나 음식 재료, 차려내는 방법에 까지 철학이 스며들어 있다. 적어도 주인은 왜 자신의 식당이 최고인지, 왜 우리 식당에 와서 식사를 해야 하는지를 고객의 입장에서 당당하게 설명할 수 있어야 한다. 그것이 자신감이고 당당함이다.

나와 남이 다른 것이 결국 차별화다. 품질과 서비스 등의 차별화가 이루어져야만 자긍심과 프라이드를 느낄 수 있고, 자기 자신의 자존감이 높아진다. 무엇이 자신의 경쟁력이고 원칙인지, 무엇을 잘할 수 있고 무엇은 할 수 없는지를 점검해야 한다. 그것이 인생의 전략이다.

전략이란 '남과 다른 그 무엇을 만드는 것'이고, 그러기 위해서는 하지 말아야 할 것은 하지 않는 원칙을 지녀야만 프라이드 의식을 느끼고 당당해진다. 당당해지면 자신감이 생겨 클로징이 강해지고, 클로징이 강해지면 원하는 목표에 보다 빨리 도달할 수 있다. 그래서 근면한 hard-working 문화가 중요하다.

쭈뼛거리지 마라. ○, ×를 분명히 하라. 모든 것을 단순화하라. 복

잡하면 정신이 혼란해져서 집중할 수가 없다.

세상의 모든 제품과 서비스가 나날이 평준화되면서 차별화의 중요성은 더욱 커지고 있다. 시장상황은 포화상태에 이르렀고 공급과잉 현상이 나타나면서, 소비자가 칼자루를 쥐게 된 시대에 접어들었다.

어쩌면 기업의 경영환경만 계속 악화되고 있는 것처럼 느낄 수 있지만, 알고 보면 소비자와 기업 모두 비슷한 고충을 안고 있다. 기업은 매출이 늘어나지 않는다고 푸념하고 소비자는 제대로 된 제품과 서비스를 찾을 수 없다고 불만을 토로하고 있다. 이런 현상들은 대부분 소비자들의 개성적인 욕구를 제대로 찾아내지 못한 결과다.

'남들에게 없는 것' 혹은 '남보다 훨씬 뛰어난 것'을 강조하는 데 역점을 두어야 한다. 차별화라는 시장을 개척해야 고객들을 더 많이 확보할 수 있는 것이다.

■■ 할 수 있는 일만 하고, 할 수 없는 일은 하지 마라

할 수 있고 할 수 없는 것을 스스로 판단하는 것이 지혜다. 그러기 위해서는 정신을 똑바로 차리고 죽는 순간까지 계속 공부해야 한다.

'어렵더라도 어떻게 옆에서 좀 해주겠지.'라는 생각으로 쉽게 살 수 있는 세상이 아니다. '어떻게 좀'이라는 말은 안 된다는 것을 뻔히 알면서도 안 되었을 때의 불편함을 견디지 못하는 사람들이 만들어 낸 말이다.

'이건 도저히 무리다.'라고 생각하는 사람과 '힘은 들겠지만 시도하면 해낼 수 있겠다.'라고 생각하는 사람을 비교하여 가려내라. 희망과 가능성을 저버리라는 의미가 아니라 스스로 자립하겠다는 의지와 자세가 중요하다는 의미다.

삶은 누가 대신 살아주지 않는다. 온실 안의 화초가 되지 말고 온몸으로 세상과 맞부딪치는 대자연 속의 초목이 되라.

■■■ 실패를 성공의 발판으로 삼아라

미래에셋의 박현주 회장은 한국 금융시장을 움직이는 파워 금융인으로 유명하다. 그의 저서 『돈은 아름다운 꽃이다』중 다음과 같은 구절이 나온다.

"실패는 누군가에게는 좌절을 의미하고 또 누군가에게는 새로운 기회를 뜻한다. 문제는 그 실패로부터 무엇을 배우느냐 하는 것이다. 나는 실패를 복기復棋의 대상으로 생각한다. 바둑에서 복기를 통해 자신이 어떤 실수를 했는지 재점검하듯, 실패 과정을 추적하면서 다음을 준비해야 한다."

여기서 복기란, 승패와 관계없이 한 번 두고 난 바둑의 판국을 비평하기 위하여 두었던 대로 다시 처음부터 바둑알을 놓아보는 것을 말한다. 한 번 더 바둑을 두어봄으로써 자신이 잘못 둔 수를 되짚어보는 것이다.

일이나 삶에 있어서도 마찬가지다. 하루나 1년, 또는 인생을 시즌별로 복기해 보고, 똑같은 실수를 하지 않도록 분석하고 점검하고 대비해 놓는 것도 훌륭한 공부가 될 수 있다.

대부분의 사람들은 현재 행복한 성공자의 위치에 있는 사람들이 실패 없이 성공했다고 생각하지만, 사실은 그렇지 않다. 단지 그들은 실패에서 그치지 않고 그것을 발판삼아 새로운 도약을 했기 때문에 재기에 성공할 수 있었다. 즉, 여러 번의 실수와 실패를 값진 경험으로 승화시켜 스스로를 발전시킨 것이다.

인생에서의 실패를 통해 패인을 분석해 보는 것, 실패를 두려워하지 않으면서 내일을 꿈꾸는 것. 이것이야말로 자기 발전을 위한 초석이 되어줄 것이며, 행복한 성공을 위한 키워드가 되어줄 것이다.

평범한 사람도 행복한 성공을 할 수 있다 10

HAPPY ACTION

동료직원들은 내가 매우 엄격하다고 생각한다. 내가 늘 2가지 원칙을 강하게 요구하기 때문이다.

먼저 '맡은 일은 정확하게!'이다. 그 이유는 보험영업은 혼자 하는 것이 아니라 각자가 맡은 영역에서 각자의 롤을 완벽히 수행해야만, 타인에게 피해를 주지 않고 조직 전체가 시스템적으로 돌아갈 수 있기 때문이다. 따라서 각자가 맡은 역할을 세심하게 처리해야 업무효율을 향상시킬 수 있다. 신속을 강조하여 일을 처리하다 보면 정확도가 떨어져 다시 하게 되는 경우가 생긴다. 이런 경우 과정이나 결과 모두에서 엄청나게 비효율적이 되고 서로에게 큰 낭비가 되기 때문이다.

다른 하나는 wrong/difference의 이해. 다양한 문화 속에서 다양한 사람들이 살고 있으므로 우리들은 서로의 개성이나 차이점을 인정해야 한다. 하지만 wrong일 경우는 다르다. do/don't의 개념에서

행복한 성공을 실천하라 141

하지 말아야 할 것은 안 해야 되고, 그것을 어겼을 때에는 서로의 책임 문제가 따르기 때문이다.

행복한 성공의 가장 빠르고 정확한 길은 '정도正道'다.

모든 일에는 내공이 필요하다. 사업 또한 마찬가지다. 세상에서 가장 지키기 힘든 것 중 하나가 도度/道이다. 이 두 종류의 도가 한데 어우러져 정해진 것이 한도限度이고, 한도를 지키는 여하는 개인의 자질에 달려 있다.

그렇다면 개인의 자질은 어떻게 만들어지는 것일까?

자질은 일상생활의 미세한 부문이 쌓여서 형성되는 것이며, 그것을 쌓아가는 과정이 노력이다. 다시 말하면 도道, 즉 정도正道는 행복한 성공의 가장 빠르고 정확한 지름길이다.

이창호 바둑기사의 말 중에도 정도에 관한 이야기가 있다.

"한 건의 유혹에 빠지면 암수暗手의 유혹에 빠지기 쉽다. 정수正手가 되레 따분해진다. 그러나 바둑은 줄기차게 이기지 않으면 우승할 수 없고, 계속 이기기 위해서는 괴롭지만 정수가 최고다."

즉 묘수妙手에 매달리지 말고 정수를 두라는 의미다.

내가 첫 육상근무처에 지원할 때였다. 나는 근무조건, 연봉 등 당시 타 기업과 대비하여 최상급인 회사에 지원했다. 당연히 쟁쟁한 학력과 경력을 자랑하는 수많은 지원자들이 몰려들었다. 그중 학력도 별 볼 일 없고 변변한 자격증도 없는 지원자가 나였다는 사실을 나중에야 알았다. 서류전형과 인터뷰 등 4차례의 관문을 모두 통과한 2명의 지원자에게만 최종 관문인 5차 면접이 기다리고 있었다.

운 좋게도 둘 중 한 명에 뽑혔지만 회사가 필요한 인원은 단 한 명이었다. 면접은 CEO가 직접 실시했다. 상대는 최고 대학의 ROTC 출신자로 모집분야 전공자였다. 나는 채용 전공분야와는 전혀 상관없는 대학을 나왔고, 그리 대단한 경력을 가진 것도 아니었다. 졸업 후 3년간의 해상근무와, 3등 항해사를 거쳐 2등 항해사의 실무경험이 전부였다.

하지만 난 4년간 아카데미academy 교육을 받은 적이 있다. 그때까지 일했던 해상직무에 대해 소상하게 파악하고 있었으며, 동료들과 함께 좋은 결과를 얻기 위해 동분서주한 적이 있었다. 그 과정에서 실패와 실수의 모든 면면을 알게 되었고, 그것을 통해 쉽게 배울 수 없는 많은 것을 배웠다. 모두가 성공만을 추구하고 있을 때, 오히려 나는 실수와 실패를 경험했고, 그로 인해 실수와 실패를 피할 수 있는 방법들을 알게 된 것이다.

어떤 일에서 성공한 경험들은 대부분 비슷하기 때문에 쉽게 따라 할 수 있다. 하지만 실패의 원인은 제각각 달라서 쉽게 파악하기 어렵다. 그래서 나는 실무에서 성공한 경험보다 실수나 실패한 경험에서 더 유익한 것을 배웠다고 생각해 왔다. 이 덕분에 나는 면접관 앞에서 타인의 성공 경험은 자신의 재산으로 만들기 어렵지만 실패한 경험은 자신의 재산으로 만들 수 있다고 자신 있게 답변했다.

그런데 답변을 마치자마자 면접관이 "1시간여에 걸친 면접시간 동안 답변한 내용을 요약해서 영어로 간략히 발표해 보세요."라고 하는 게 아닌가. 순간 앞이 캄캄해지고 머릿속은 온통 백지장이 되어 하나도 생각나지 않던 기억이 지금도 생생하다. 영어가 필요한 직무가 아니었기에 영어면접 준비를 하지 않았던 것이다. 지금처럼 영어 인터뷰가 보편화된 때도 아니었고 80년대 초였으니….

결과는 당연히 불합격이었다. 그러나 바로 그때의 실패가 오늘날 내가 이렇게 당당히 살아갈 수 있는 원동력을 제공해 준 계기였다고 생각한다. 한 번의 실패는 병가상사兵家常事라지만, 두 번 세 번 똑같은 실수를 반복한다는 것은 그 사람의 자질문제라고 생각한다.

그때 또 하나 뼈저리게 느낀 점이 있다. 한 분야에서 나름대로 성공의 경험을 가진 사람이나 오래 근무한 사람들은 사람과 일 그리고 미래에 대한 통찰력과 직관력이 뛰어나다는 것이었다.

한 사람의 능력은 억지로 끼워 맞춰서 길러낼 수 없는 것이고, 또 배운다고 금방 배워지는 것이 아니라는 것이다. 이 진리를 고수들이 알고 있다는 것을 깨닫는 순간, 온 세상이 내 것인 것처럼 느낀 적이 있었다. 세상사에 통달하면 그것이 곧 학문이요, 인정세태에 밝으면 그것이 곧 지혜가 되는 것이다. 대개 고수들은 관찰력이 대단한 사람들이다.

통찰력은 하루아침에 길러지지 않는다. 오랜 경험을 통해 조금씩 쌓이는 것이다. 일상의 미세한 부분을 세심하게 관찰하는 일이 반복되고 쌓여야 통찰력이 단련되고 향상될 수 있다.

그 후 나는 매사에 잘될 수밖에 없도록 철두철미하게 준비하고 또 준비했다. 아울러 마무리의 중요성을 깨달아 항상 깔끔하고 기분 좋은 마무리가 되도록 최선을 다했다.

늘 큰 것, 좋은 것들만 위대하다고 생각하며 추구하는 사람들에게는 행복한 성공이 찾아오지 않는다. 오히려 평범한 것에 만족하고 작은 것 하나에 세심한 주의를 기울이는 사람이 세월이 흘러보면 성공의 자리에 올라가 있다. 이것이 평범한 보통사람도 행복한 성공을 할 수 있는 매력인 것이다.

11 초심으로 돌아가 한 분야의 고수가 되라

HAPPY ACTION

　나는 보험영업에 25년째 몸담고 있다. 나라고 해서 힘들고 어려웠던 일들이 없었을까? 사표를 써서 양복 안주머니에 넣고 다니며, 수도 없이 세상을 원망하고 고민했었다.
　대부분의 사람들은 오래오래, 그것도 훌륭히 근무하고 싶어 한다. 하지만 롱런으로 가는 과정 동안 우리들은 무수히 많은 갈등과 고난을 피할 수 없다. 그렇다면 피할 수 없는 중요한 갈등을 현명하게 극복하기 위해서는 어떻게 해야 할까?
　이때 필요한 것은 처음 가졌던 마음, 즉 '초심'을 떠올리는 것이다. 왜 내가 이 직업을 선택했는가? 내가 해야 할 일은 무엇인가? 내가 가야 할 길은 어디인가? 무엇이 나의 가슴을 뜨겁게 달구는가? 나의 보람은 무엇인가? 등등.
　잊지 마라. 처음 먹었던 마음과 첫 계약 때의 그 가슴 떨리던 설렘을. 사람들은 위기상황에 처하거나 일이 잘 풀리지 않을 때마다 흔히

들 "초심을 잃지 말자!"라고 말한다. 이는 아마도 어떤 일이든 순수한 마음으로 시작했고 자신의 능력과 긍정적인 생각을 가졌던 그 출발점에 대해 다시 한 번 상기하고자 하는 바람일 것이다.

현재 자신의 업무영역에서 잘나가고 있는 사람도 "잘될 때 조심하라!"는 말을 한다. 이는 욕심이나 교만으로 일을 그르치지 말자는 자신에게 하는 경고다. 또한 벼랑 끝에 몰린 사람도 다시 일어나는 과정에서 "Back to the basic!"이란 말을 한다. 이는 원점에서 다시 새 출발하자는 심기일전의 의미와 끝까지 용기와 꿈을 잃지 말자는 메시지를 담고 있다.

잠깐이라도 하고 있는 일을 멈추고 자신의 첫 마음을 되새겨 보기 바란다.

한 분야의 최고가 되려면 최고 밑에서 배워야 하고, 고수가 되려면 고수에게서 배워야 한다. 산 정상에 오르는 길은 수십 개가 있어도 그 모든 것은 하나로 통한다. 그래서 이치를 아는 사람은 길을 다투지 않는다.

우선 닮고 싶은 사람을 찾아 벤치마킹하라. 어떤 조직이든 그 안에는 잘하는 사람과 못하는 사람이 있고, 또한 신화적인 존재에 대한 전설들이 내려오기 마련이다. 영웅에 대한 이야기는 어느 사회에나 존재한다. 그 영웅 이야기를 바탕으로 미래의 영웅들을 만들어 내기 위해서다.

부모가 아이들에게, 사회나 조직이 구성원들에게 특정한 이야기를 들려줌으로써 그들의 삶을 바꾸려고 하듯이, 우리 스스로에게도 가슴을 벅차게 만들고 두 주먹을 불끈 쥐게 만들었던 감동적인 이야기를 들려주어야 한다.

누군가 본받고 싶은 대상이 있다면 그 사람의 전기나 자서전을 읽고, 그 사람처럼 되기 위해 의도적으로 노력하고 반복적으로 행동하고 실천하는 것이 중요하다.

"나도 저렇게 하고 싶다." "나도 할 수 있을 것 같다." "꼭 한다."

만약 그런 사람이 없다면 자신이 되고 싶은 가장 이상적인 사람의 이야기를 만들어서라도 흉내를 내라. 모방 없는 창조는 없다. 처음은 따라 하며 흉내를 내지만 차츰 시간이 흘러 경험이 쌓이면 자기만의 독특한 스타일, 즉 개성이 나타난다. 그것이 자신만의 독특함이고 남과의 차별성이다. 그 차별성이 당신을 새로운 길로 이끈다.

또한 한 분야의 최고가 되기 위해 반드시 갖춰야 할 요건은, 일에 임하는 자세다. 현재까지 살아온 상황을 바꿀 수 없다. 하지만 현재의 상황을 받아들이는 자신의 태도에 따라 얼마든지 남은 삶을 바꿀 수 있다.

좋은 습관이 기초가 되지 않으면 어떤 것에서도 성공할 수 없다. 습관은 모자이크처럼 일상생활의 작은 부문들이 하나하나 쌓여서 형성된다. 부단한 노력을 통해서 얻어지는 것이며, 하루아침에 어디서 갑자기 생기는 것이 아니라 오랜 기간 동안 조금씩 배양되는 것이다. 처음엔 어색하던 것도 차츰 시간이 지나면 습관으로 굳어지고,

몸에 배면 아주 자연스러워진다.

그래서 나는 자신 있게 "좋은 운보다 좋은 습관이 더 중요하다."고 항상 강조한다.

선진국에 가보면 우측통행을 하거나 길게 줄을 서서 순서를 기다리는 것을 흔히 볼 수 있다. 모든 시민들이 마치 줄을 선 듯 보이는데, 이렇게 하는 것이 결코 쉬운 일은 아니다. 줄을 서서 기다리고 우측통행을 해야 한다는 것은 어린 학생들도 알고 있다.

많이 아는 것도 중요하지만 그보다 더 중요한 것은, 알고 있는 것을 어떻게 실천에 옮기느냐 하는 것이다. 대부분의 나라 사람들이 지키지 못하는 데 비해 오직 선진국, 좋은 조직, 좋은 사람들만이 이것을 지키고 있다.

줄을 서는 아주 작은 것에서부터 그들의 자질이 표현된다. 걸음걸이나 말투, 복장, 식당이나 사무실에서의 각종 매너, 동료나 고객을 대하는 태도 등 모든 면에서 그 사람의 자질을 우리는 엿볼 수 있다.

이것이 바로 개인의 품격이다. 기본적인 룰을 지키려는 태도가 바로 행복한 성공자의 자질인 것이다. 내가 소속된 조직의 격이 높아져야 행복한 성공의 확률이 높아진다.

12 우리 모두
정상에서 만납시다

HAPPY ACTION

일확천금을 노리거나 실력도 없으면서 대박을 터뜨리려는 사람들이 있다. 또한 "뭐 없나?" 하면서 주변을 기웃거리는 사람들도 있다. 그런 사람들에게 나는 "뭐 없습니다. 꿈 깨십시오."라고 말한다.

나는 아이들에게 어릴 때부터 운동을 시켰다. 그것도 코치 밑에서 정확하게 배우도록 가르쳤다. 제대로 된 실력을 갖추기까지 얼마나 많은 시간과 노력이 들어가야 하는지를 알려주고 싶었다. 그래서 어릴 때부터 땀을 흘리며 배워가도록 했다. 우연히 한 번 시도했던 것이 잘되어 그것이 자기 실력인 양 교만해진 사람을, 주위에서 많이 보아왔기 때문이다.

어떤 분야에서든 피라미드의 꼭대기에는 극소수의 사람들만이 존재한다. 보통사람들이 사는 세상은 격심한 경쟁의 세상이고, 피라미드의 저변에는 많은 사람들이 모여 있다. 피라미드의 정상에서 바라보는 시야는 넓을 수밖에 없고, 정상에 서본 사람들은 더 큰 세상을 꿈꾸는 더 큰 인물이 될 수밖에 없는 것이다.

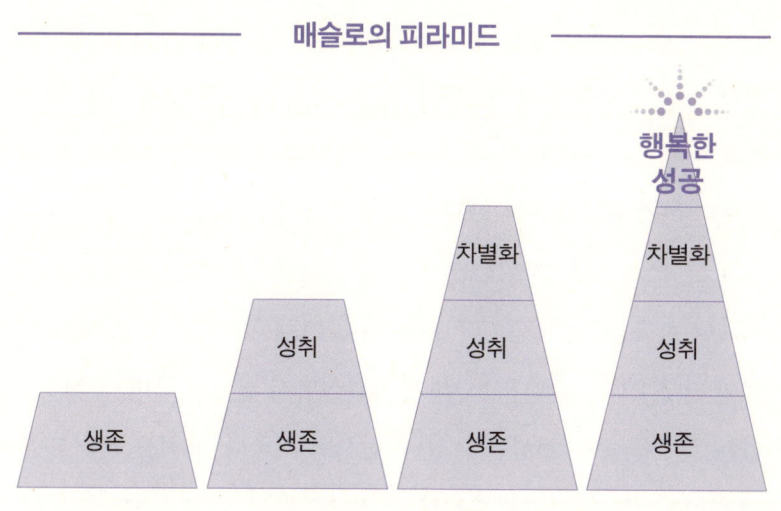

매슬로의 피라미드

우리는 정상에서 만나야 한다.

정상의 개념은 물질적 정신적으로 많이 쟁취한다는 의미가 아니다. 그보다는 올라가는 과정을 통해 나와 남을 배우고, 자연의 이치를 이해하며, 정상에서처럼 탁 트인 시야로 나와 남, 나와 나, 나와 세상진리와의 소통을 통하여 만물을 조화롭게 보는 균형 있는 시야를 갖고 삶을 영위하자는 의미다.

그래야 행복한 성공자의 진정한 모습을 이해하고, 또 그 소중한 경험의 가치를 인정할 수 있기 때문이다.

정상에 오르기 위해서는 무엇보다 일관성을 유지해야 한다. 한 번은 잘할 수 있겠지만 탁월함을 지속적이고 반복적으로 유지하는 것은 결코 쉽지 않다. 큰 산을 오를 때는 폐활량, 체력, 관절 등이 골고루 갖춰져야 하지만 이보다 더 강한 근육은 마음의 근육이다.

몇 십 년 후까지 롱런long-run하며 인생의 먼 길을 가려면, 세심한 전략 수립이 필요하다. 일관성은 'good to great', 즉 좋은 것을 넘어 위대한 것으로 도약하기 위한 필수조건이다. 일관성은 상호 간의 신뢰와 일체감을 형성하는 탁월한 효과를 지니고 있다.

비즈니스를 하는 사람들은 우선 일관성을 가로막는 요인부터 제거해야 한다. 바로 욕심이다. 모든 일이 그렇듯 욕심이 모든 일의 화근이 된다. 그 욕심에다 적당하게 자존심까지 건드려 주면, 브레이크 없는 질주를 하는 사람들도 있다. 참으로 가엾다. 욕심을 버리고 마음을 비워야만 일관성을 유지할 수 있다.

정상에 선 챔피언들의 심정은 가본 사람, 해본 사람만이 알 수 있고 느낄 수 있는 것이다. 해보지 않으면 아무리 설명해도 이해할 수 없으므로 제대로 하려면 관심을 가져야 한다.

관심을 가지면 목표가 생기고 가는 과정이 비록 힘들고 어렵더라도 목표가 있으면 견뎌낼 수 있는 인내력이 생긴다. 그 고통을 이겨내고 목표를 달성했을 때의 성취감은 말로 표현하기 불가능하다.

'Ice break'의 의미를 아는가? 첫 성과의 기쁨을 아는가? 처음의 그 설레고 떨리는 마음이 진정한 여러분의 꿈이다. 온몸에 전해져 오는 그 전율을 잊지 마라.

처음의 느낌을 가지고 하나하나 성취해 가다 보면 자신만의 차별화가 생기고, 그 차별화를 무기로 일관성 있게 끝까지 가다 보면 누구나 정상에 오를 수 있다. 그 정상이 바로 행복한 성공인 것이다.

이제 남은 것은 일뿐만 아니라 가정과 건강에 있어서도 행복한 성공을 하고 그 성공을 더 값진 것으로 진화시키는 일이다.

PART 3

행복한 성공을
진화시켜라

성공한 사람들은 지금
이 순간도 건강관리에 집중하고 있다

몸을 살리는 운동이란

명품 몸을 만들자

매일 실천하는 또 다른 건강법

하루 20분의 명상으로 행복한 성공을 하자

고생을 고생으로 생각하지 마라

진정한 삶의 내공 쌓기

행복한 성공의 키포인트, 가족

아들과 함께한 몽블랑 등정을 통해 배운 삶의 지혜

"사람이 한 가지 일만 열정적으로 잘해도,
성공적이고 행복한 인생을 살아갈 수 있다."
- Brian Tracy

성공한 사람들은 지금 이 순간도 건강관리에 집중하고 있다　01

HAPPY EVOLUTION

　행복한 성공을 진화시키기 위해서는 건강해야 한다. 성공을 이룬 그 순간에 병상에 누워있다면 성공이 무슨 소용이 있겠는가. 그렇기에 행복한 성공자들은 지금 이 순간에도 건강관리에 집중하고 있다.

　동서고금을 막론하고 모든 사람들에게 만고불변의 소원이 있다면, 그것은 무병장수無病長壽일 것이다. 사실 질병 없이 오래 산다는 것은 인간이면 누구나 가슴속에 품고 있는 가장 절실한 희망이다.
　최근 의학기술의 발달로 인간의 평균수명이 꾸준히 늘어나고 있다. 하지만 정작 '건강수명'은 늘지 않았다고 한다.
　건강수명이란 인간의 평균수명에서 질병이나 부상으로 고생하는 기간을 뺀 나머지 기간을 일컫는다. 우리가 아무리 오래 산다고 해도 질병으로 수십 년 동안 고통을 받으며 생활한다면, 오래 산다는 사실이 별 의미가 없을 것이다.

얼마 전 행복전도사로 많은 이들의 사랑을 받은 한 부부의 안타까운 죽음이 알려지면서 새삼 건강의 소중함이 부각되었다. 많은 사람들이 입으로는 건강의 중요성에 대해 동의하면서 실제로는 정반대의 행동을 하는 경우가 많다. '아직 젊어서' '아픈 곳이 없어서' '너무 바빠서' 등의 핑계를 대며 자신의 건강에 무지할 정도로 무관심한 경우를 볼 때마다 무척 안타까웠다.

진정한 장수는 아무런 병 없이 건강한 모습으로 오래 사는 것이다. 깃털처럼 가벼운 몸과 마음으로 살다가 마지막 순간엔 촛불이 사그라지듯 살포시 자신의 사명을 다하고 맑고 깔끔하게 자연으로 돌아가는 모습이 진정 아름답지 않은가.

그럼에도 불구하고 요즘 건강을 바라보는 시각이 대단히 왜곡되어 있다. 술이나 담배에 찌드는 것은 물론, 불규칙한 식사와 수면으로 인해 배만 볼록 나와 숨 쉬기조차 여의치 않은 사람들도 꽤 있다.

건강을 돌보라는 내면의 신호가 여러 가지 방식으로 계속 나타났음에도 불구하고 오랫동안 방치한다. 그러다 막상 병이 깊어지면 망연자실한 표정을 지으며 어쩔 줄 몰라 하는 경우가 다반사다. 참으로 미련하고 어리석은 행동이다. 그와는 반대로 성공한 사람들은 지금 이 순간도 건강관리에 집중하고 있다.

이제는 어떤 음식을 먹고, 무엇을 입고, 어디서 자느냐를 따지는 것보다 마음과 정신을 맑게 하여 성공의 질을 높여야 하는 시점이다. 배가 고파 마구잡이로 먹던 시절에서 먹는 것도 건강에 좋은 것을 따져 먹게 된 것처럼, 성공도 그 질을 따져야 한다. 성공 자체보다 그것이 어떤 성공이냐가 더 중요한 것이다.

성공하면 행복한 것인지, 행복하면 성공한 것인지, 이쯤에서 그 답을 알고 가야 한다.

『논어』에 "재물을 잃는 것은 조금 잃는 것이고, 명예를 잃는 것은 많이 잃는 것이고, 건강을 잃는 것은 전부를 잃는 것이다."라고 했다.

우리의 건강은 억만금을 주어도 살 수 없고 그 무엇으로 대체될 수도 없다. 누구라도 자기 몸을 움직이지 않고 관리하지 않으면 건강이 제 발로 찾아오진 않는다.

건강하게 오래 살 수 있는지 없는지는 전적으로 자기 자신 하기에 달려 있다. 문제는 어떻게 하면 건강하게 오래오래 삶을 누릴 수 있느냐에 있다. 평소 건강에 무신경하다가 몸에 꼭 이상이 생긴 후에야 부랴부랴 난리를 떠는 잘못된 의식을 바꾸어야 한다. 그리고 인체구조와 건강의 원리에 대해 조금만 관심을 가지고 이해하며 실천한다면 얼마든지 건강하게 천수를 누릴 수 있다.

지금부터라도 건강관리는 큰 질병에 걸린 사람들만이 하는 거라는 잘못된 인식을 버리자. 오히려 건강한 사람일수록 행복한 성공을 위한 수단으로 더욱 건강관리를 해야 할 필요가 있음을 명심해야 한다. 그리고 수신하자. 수신修身은 몸과 마음과 정신을 건강하게 하는 것이다.

행복한 성공자들이 지금 이 순간도 건강관리에 집중하고 있듯이 우리도 더 늦기 전에 행복의 9할이 건강임을 깨닫고 몸을 살리는 합리적인 운동을 통해 올바른 생활습관을 가져 행복한 성공의 길로 가야 한다. 그리하여 건강수명을 늘려 여생을 행복하게 살 수 있도록 준비해야 한다.

몸을 살리는 운동이란 02

HAPPY EVOLUTION

무슨 일이든 급하게 하면 실패한다. 인생이든 건강이든 모든 것은 조화와 균형이 맞아야 한다. 서서히 조금씩 순리에 맞도록 하는 것이 중요하다.

우리들의 생활습관을 유심히 살펴보면, 여러 질환이 나타나게 된 동기와 병의 원인이 명확하게 드러난다. 바르지 못한 자세와 잘못된 생활습관은 인체의 조화와 균형을 여지없이 무너뜨린다. 이로 인한 신체의 부조화는 모든 신경계통의 혼란을 초래하고, 결국 각종 인체의 기능에 치명적인 손상을 입힌다.

올바른 건강법은 전신의 모든 관절과 근육을 골고루 이용하는 균형 잡힌 운동에서부터 시작된다. 또한 호흡과 내면에 집중하는 명상을 하면 뇌파가 알파파로 바뀐다. 그렇게 되면 신경전달물질이 변화(정서변화, 신경증, 병리현상)한다. 신경전달물질이 변하면 호르몬이 바뀌어 면역체계도 바뀌고, 면역체계가 바뀌면 병이 낫거나 예방된다.

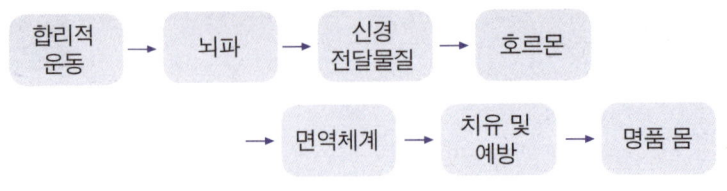

그림에서와 같이 호르몬이 변화하면 면역체계가 변화하여 몸의 회복에 도움이 되는 것이다. 이런 치료 방법으로는 음악치료, 미술치료, 운동치료 등이 대표적이다. 이 모든 것을 뇌brain가 주관한다.

그래서 항상 뇌를 자극하는 수련을 하면 현대인들의 각종 질병에 대한 면역력이 생기고 자가 치유 능력이 향상된다. 물론 현대의학인 서양식 치료법을 병행하면 더욱 효과적이다. 이는 과학적으로 검증된 수많은 논문들이 잘 말해 주고 있다.

우리가 건강을 되찾는 데 있어 오직 필요한 것은 건강에 대해 이해하고 실천하는 끈질긴 노력뿐이다. 건강에 대한 이해만 정확하다면 건강하지 못할 까닭이 없다.

나는 지금까지 특별히 아픈 곳은 없었다. 그러나 예방차원에서 마라톤, 심지어 울트라 마라톤, 산악자전거, 수영, 테니스, 축구, 골프, 등산 등 수없이 많은 운동을 했다. 이같이 운동을 통해 건강을 지키며 삶의 스트레스를 해소하고자 보통 사람들보다 더 노력했다.

그런데 어딘지 모르게 계속 몸과 마음이 개운치 않고 찜찜하였다. 곰곰이 생각해 보니 나의 잘못된 식습관과 불규칙한 생활이 문제였다. 나는 지금까지 효율적이고 합리적인 운동법을 모르고 무조건 열심히만 했던 것이었다.

더구나 건강에 대한 정확한 개념정리도 돼있지 않았다. 적당히 잘 먹어 얼굴이 훤하고 살이 붙어 보기 좋게 통통하면 그것으로 건강 체질이라고 생각했다. 그 통통한 육체가 만병의 온상일 줄은 꿈에도 몰랐다. 그래서 먹고 운동하고 또 먹고 운동하고를 반복한 것이다. 무지한 것이 독이 된 것이었다.

건강은 예방이 최고다. 이런 무지함으로 겪은 실수를 다른 사람들은 반복하지 않기를 바란다.

건강에 관련해서는 남에게 의지해서는 안 된다. 자기 일은 자기가 알아서 해야 한다. 나쁜 습관은 끊기가 힘들다. 그러나 뜻이 있으면 길이 보인다. 성공과 실패는 종이 한 장 차이다. 합리적인 노력만 하면 20대의 건강을 80세까지 가져갈 수 있다.

다행히 우리 인체는 단련을 하면 재생이 된다. 올바른 식습관으로 살과 피를 맑게 하고, 그 맑은 피를 손끝과 발끝까지 골고루 돌릴 수 있는 합리적인 운동을 하는 것이 중요하다.

합리적인 운동을 하지 않기 때문에 맑은 피가 온몸 구석구석까지 골고루 흐르지 않는 것이다. 흐르지 않는 물은 썩는다. 흐르지 않는 피도 썩는다.

너무 과격한 운동을 해도 과로로 인해 건강을 해칠 수 있다. 합리적인 운동을 통해 손발을 움직이고 그동안 퇴화된 우리의 인체기능을 되찾아야 한다.

 무엇보다 경제적인 운동을 통해 명품 몸을 만들어야 한다. 그렇다면 몸을 살리는 경제적이고 합리적인 운동이란 어떤 것을 말하는지 알아보자.

 몸을 살리는 운동에는 다섯 가지 규칙이 있다.

 첫째, 좌우균형이 맞아야 한다. 우리가 보통 생활할 때는 어느 한쪽으로 치우치는 경우가 많다. 오른손잡이는 오른손을, 왼손잡이는 왼손을 무의식적으로 많이 사용하기 때문에 운동할 때만이라도 좌우를 골고루 움직이도록 해야 한다. 발도 마찬가지다. 제일 안 되는 것이 바로 이 부분이다.

 둘째, 상하균형이 맞아야 한다. 현대인들은 육체노동보다 의자에 앉아 생활을 많이 하다 보니 주로 상체만 움직이고 하체는 움직이지 않는다. 상체와 하체를 동시에 움직여 주는 운동을 해야 한다.

 셋째, 몸의 안과 밖을 골고루 움직여 주어야 한다. 팔다리를 직선으로만 움직이면 주로 외부의 뼈와 근육만을 움직이게 된다. 틀어주는 곡선운동을 해야 몸의 안팎을 골고루 움직여 줄 수 있다. 팔다리를 움직일 때 앞뒤 직선으로만 하지 말고 마디마디 틀어주는 것이 바람직하다.

 넷째, 몸의 앞면과 뒷면을 골고루 움직여야 한다. 우리는 대개 앞으로만 걷고 앞면만 주로 움직인다. 때론 뒤로도 걷고 등도 자극해 주어야 한다. 등을 두드려 주거나 등을 바닥에 대고 구르는 등 뒷면을 많이 움직여야 한다.

　다섯째, 운동은 몸과 마음이 같이 해야 한다. 심신일여心身一如란 말처럼 몸으로만 때우려 하지 말고 정성을 모아서 해야 몸과 마음의 조화를 꾀할 수 있다.

　몸 전체를 고루 발달시켜 주는 운동이 부분적인 운동에 비해 좋은 것은 당연하다. 특히 한쪽에 치우치지 않는 균형이 잘 맞는 전체적인 운동을 하는 것이 중요하다.
　골프처럼 한쪽으로 치우친 편중된 운동을 오래하다 보면 당장 표가 나지 않아도 신체의 어느 부위에 과부하가 걸리게 된다. 계속 과부하가 걸리다가 한계를 벗어나면 갑자기 어딘가가 터지든지 쓰러지고야 만다. 이 때문에 평상시 균형을 맞춘 운동을 해야 한다.

　이리 생각해 보면 삶도 마찬가지다. 우리들은 자기가 보고 듣고 경험한 것만으로 판단하므로 편협한 시각을 가질 수밖에 없다.
　인생에서도 편협한 삶을 살지 않으려면 조화가 중요하듯, 잠자리에 들기 전 자신의 하루 활동을 정리하며 상하, 좌우, 앞뒤, 안팎으로 신체의 각 부분을 풀어주면 몸도 마음도 편안해진다.
　그렇게 몸과 마음이 일치되게 균형과 조화를 이루며 한 번에 골고루 모든 부위를 동시에 터치해 주는 운동이 좋은 운동이다.
　더불어 올바른 호흡과 명상으로 에너지를 충전하고 오장육부를 자극해 혈액순환을 촉진시키면서 전신근육과 온 마디를 풀어주어야 한다. 이는 유연하고 강한 몸을 만드는 종합적인 운동으로, 일석이조 이상의 효과를 누릴 수 있다.

이것이 바로 우리 몸을 살리는 운동인 것이다.

명품 몸을 만들자 | 03

HAPPY EVOLUTION

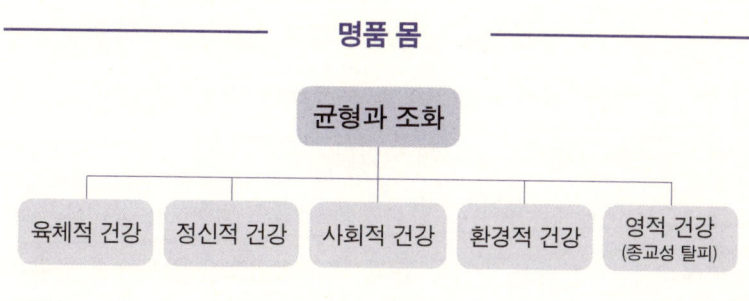

 가끔 세상 모든 것을 다 가진 사람이 건강하지 못해 골골거리는 것을 보면 너무나 안타까웠다. 이제는 건강이 돈이나 명예보다 더 소중하다는 것을 인정하자. 일상생활 속에서 스스로 실천할 수 있는 운동 하나쯤은 하면서 내 몸을 명품 몸으로 만들어야 한다.
 명품 몸은 몸과 마음과 정신이 골고루 균형을 이루는 조화로운 상태를 말한다. 몸이 고르고 마음이 고르면 생각과 정신이 밝아지고 맑아진다. 그러나 일상에서는 스트레스가 많다. 고객과의 상담이나 일

을 할 때 힘들고 어려운 일에 부딪히면, 숨이 고르지 못하고 거칠어진다. 또한 숨이 거칠어지면 마음도 거칠어져, 올바른 판단을 흐리게 하고 건강도 해치게 된다.

그래서 명품 몸이 되려면 무엇보다 숨을 잘 쉬어야 하고, 숨을 잘 쉬려면 몸과 마음을 최대한 이완시켜야 한다. 몸을 이완시키는 방법으로는 스트레칭 등의 동서양의 많은 운동법이 있고, 마음을 이완시키는 방법으로는 단전호흡·심상훈련·명상 등이 있는데, 이를 통해 우리 몸 전체와 특정 부위를 이완시킬 수 있다.

나는 그동안 운동에 관한 관점의 전환을 통해 종합적이고 효율적인 생활건강법을 찾기 위해 노력했다. 그러던 차에 우리 민족 고유의 심신수련법인 국선도를 만나게 되었다.

국선도는 기체조(육체적 수련), 단전호흡(심호흡법), 명상(정신적 수련)으로 구성되어 있는데 긴장을 완전히 풀고 심신의 안정을 얻음으로써 몸까지 건강하게 만들어 준다.

건강에 대한 이야기를 하면서 국선도를 추천하는 데는 이유가 있다. 음식이나 문화도 우리 몸과 마음에 맞는 신토불이가 좋듯, 우리 몸에도 우리 민족 고유의 방법이 좋기 때문이다. 이제는 서양문화의 급격한 발달 속에서 우리 고유의 문화와 정신, 전통을 계승 발전시켜야 한다. 물질문명에서 정신문명으로, 기계에서 인간으로, 개발에서 자연으로, 빠름에서 느림으로, 동動에서 정靜으로, 겉멋에서 내공

국선도의 여러 자세들

으로…. 이러한 삶의 자세가 우리를 건강한 장수의 세계로 이끌 것이고, 삶의 질을 업그레이드시켜 줄 것이기 때문이다.

그러니 "왜 국선도냐?"는 물음은 이미 늦다. 오히려 "왜 아직 국선도를 안 하느냐?"고 물어야 한다. 서양식 스포츠는 온몸을 긴장시킨다. 그러나 국선도는 온몸을 이완시킨다. 전신을 계속 움직이는 상태에서도 몸을 이완시켜 부드러우면서 힘 있는 신체로 만드는 것이 국선도만의 독특한 묘미이며 신비로움이다. 무엇보다 마음이 여유로울 때 생산성이 높아지듯 단 한 시간으로도 준비운동, 행공, 명상, 정리운동을 통해 몸과 마음을 가뿐하게 만들 수 있다. 이로 인해 집중력이 높아지고 삶의 질을 개선시킬 수 있다. 그리고 단순하다. 누구나 쉽게 할 수 있고 배울 수 있다.

물론 국선도가 무슨 만병통치약인 것은 아니다. 국선도의 참된 수련 목적은 병을 다스리려는 것이 아니라, 일상생활 중 부자연스러워진 신체 밸런스를 균형 있고 조화로운 동작들을 통해 회복하자는 데 그 뜻이 있기 때문이다.

국선도의 다양한 자세들을 통해 내 몸이 얼마나 경직되어 있는지를 알 수 있고, 흥분되거나 거칠어지거나 가라앉은 마음도 호흡을 통해 정리가 가능하다. 몸과 마음과 호흡이 고르게 균형을 이루고 조화를 이루면 병이 있는 환자는 치유 효과를 볼 수 있고 건강한 사람은 병의 예방이 된다. 지도자의 도움을 받으면 더욱 효과적이다.

국선도 수련의 효과

1. 비만에 특효다

에너지가 지방질의 형태로 몸에 축적되면 비만 현상이 나타난다. 이 지방질을 제거하는 데에는 산소가 절대적이다. 국선도는 비만극복에 아주 적당한 유산소 운동의 요건을 갖추고 있어 체중 감소효과가 뛰어나다. 특히 음식을 적게 먹고 물을 적게 마시며 올바른 운동을 꾸준히 병행하면 더 효과적이다.

2. 피부가 좋아진다

오장육부가 부실하면 누구도 건강에 대하여 자신할 수 없다. 국선도 동작은 안전하게 오장육부를 자극하면서 변비는 물론이고 뱃속에 축적된 각종 유해 물질과 만병의 근원인 숙변까지도 부작용 없이 제거한다.

3. 허리와 척추에 좋다

신체의 올바른 균형감각을 익히려면 체계적인 훈련에 의해 척추의 관절을 에워싼 인대와 근육조직을 단련시켜야 가능하다. 국선도는 인체의 모든 근육과 뼈마디를 균형 있게 단련시키면서 우리 몸의 중심인 허리와 골격의 질환을 치유한다.

4. 불면증과 각종 스트레스 해소에 도움이 된다

긴장과 스트레스 등으로 인한 정신 신경장애는 인체를 무기력하게 만든다.

이로 인해 노이로제, 불면증, 각종 기능성 장애 현상이 동반되기도 하는데 국선도의 다양한 동작은 우리의 정신 신경체계를 정상화시키며 교감신경과 부교감신경의 조화를 찾아준다. 그러므로 정서적인 불안감에 시달리거나 각종 신경성 질환에 매우 효과적이다.

5. 마음이 편안해진다

신경이 날카롭다면 건강한 마음이 아니다. 건강한 마음은 부드럽고 유연한 마음이다. 국선도 명상은 일종의 움직이는 명상(운동명상)으로 몸의 움직임(다양한 행공)과 호흡에 집중함으로써 마음을 편하고 건강한 상태로 만들어준다. 참선도 좋은 방법 중 하나다.

6. 건망증, 기억력감퇴 등 각종 퇴행성질환에 좋다

최근 치매와 소뇌의 퇴화가 상관관계가 높다는 연구가 발표되었는데, 국선도는 두뇌의 혈액순환을 도와서 뇌세포 손상을 미연에 방지

7. 기혈순환이 잘된다

국선도 수련을 통해 근육의 긴장과 이완이 반복되고 정체된 혈액과 림프액의 흐름이 풀어짐으로써 기혈순환이 잘된다. 또한 국선도의 동작들은 어긋나거나 멍들고 어혈진 곳과 새로운 활력과 재생이 필요한 곳에 지속적인 자극과 기를 보내, 우리 몸의 자연 치유력을 돕는다. 저리고 시린 중풍 따위의 초기 마비 증상에도 예방과 치료법으로 탁월한 효과가 있다.

■■ 숨만 잘 쉬어도 건강하게 오래 살 수 있다

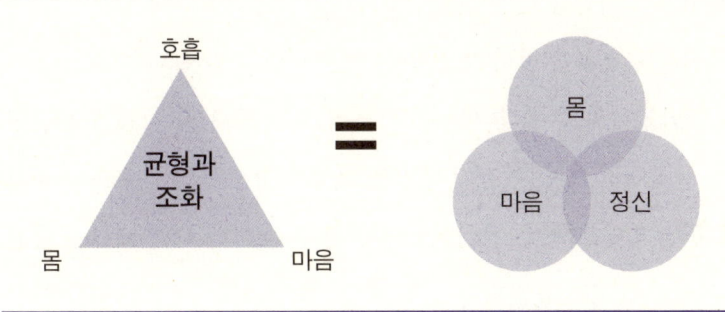

현대인들이 갖고 있는 만병의 근원은 몸이 차거나 체내 산소량의 부족에서부터 시작된다. 이를 해소하기 위해서는 단전호흡을 통해 체내 산소량을 극대화해야 한다. 우리의 몸은 가만히 놓아두면 경직되고, 경직되면 아픔이 온다. 그것을 그냥 놔두면 염증이 생기고, 염증이 오래되면 경직되어 병에 걸리게 된다.

그러나 제대로 숨을 쉬면 이완이 되고 움직여서 열이 나고 따뜻해져 살아 있는 생명이 된다. 건강한 몸이 되려면 움직이고 살아 있는 호흡을 하면 된다. 호흡은 사람의 생명과도 직결되지만, 오장육부의 각 기능과 불가분의 관계를 갖고 있다.

사람의 호흡을 잘 관찰하면 맥박을 알 수 있다. 호흡이 순조롭고 고르면 장부가 건강하다는 의미지만 거칠고 고르지 못하면 몸에 이상이 있고 허약하다는 의미다.

호흡을 잘하면 소화가 잘되고 마음이 안정되어 머리가 맑아지며 몸 전체의 기혈순환이 원활하여 몸이 가볍고 매사에 자신감을 갖게 된다. 호흡은 창문을 열고 맑은 공기를 통하게 하는 것처럼, 그냥 나룻배처럼 마음을 실어 나르면 되는 것이다. 고요하고 평온한 마음을 유지하며 호흡을 하다 보면 기분 좋은 미소가 절로 나온다.

지금부터라도 우리 가슴에 머물러 있는 호흡을, 아랫배 하단전으로 끌어내려 보자. 예전에 밭일을 하다가 잠시 느티나무 아래 평상에 누워 낮잠을 즐기던 돌쇠의 모습처럼 숨을 마실 때면 배꼽을 중심으로 배가 산처럼 올랐다가 토할 때면 푸~우 하고 꺼지는 모습을 상상하면서.

숨 쉬는 재미를 아는가? 호흡의 묘미에 빠져보라. 무엇과도 바꿀 수 없는 가치를 발견할 것이다.

■■ 숨을 고르게 잘 쉬려면 몸과 마음을 이완시켜야 한다

대부분의 사람들이 일상생활 중 숨도 제대로 쉬지 못하는 긴장된 생활을 하고 있기 때문에, 폐의 기능이 30~40% 위축되어 있다. 그러나 수면 중에는 폐를 100% 활용하여, 하루의 찌든 스트레스와 피로를 풀게 되는 것이다. 그래서 어떻게 하든 어깨호흡을 아랫배로, 머리의 기운을 발아래로 끌어내리는 것이 급선무다. 이 두 문제를 바른 호흡법으로 해결할 수 있다. 느리고 깊은 호흡에 따라 전신을 이완하고 마음을 닦는 습관을 들이면 가능하다.

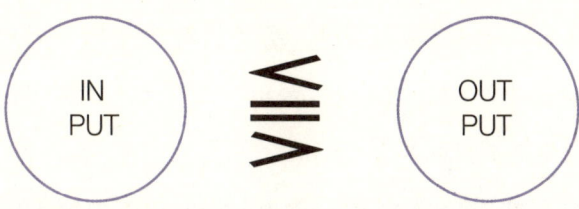

> 거북이는 1분에 2~3회 호흡하며 250~300년을 산다.
> 코끼리는 1분에 5~6회 호흡하며 150~200년을 산다.
> 개는 1분에 80~90회 호흡하며 15~20년을 산다.
> 사람은 1분에 20~25회 호흡하며 80년 전후를 산다.

위에서 알 수 있듯이 거북이가 가장 오래 사는데 호흡의 횟수는 가장 적다. 물론 사람이 처음부터 거북이처럼 1분에 2, 3회 호흡하는 것은 무리다. 그러나 코끼리처럼 5초 마시고 5초 쉬는 것이 숙달되면, 거북이처럼 1분에 3회 20초 호흡을 순조롭게 할 수 있다.

큰 질병이 없는 사람이라면 누구나 무리 없이 해낼 수 있으며 거북이와 같은 20초 호흡은 위胃운동 수(1분에 3회)와 맞아 깊은 안정에 들어갈 수 있다. 우리 인체 내에서 산소를 필요로 하는 곳, 특히 뇌에 충분한 산소를 공급하게 되어 피로감도 없어진다.

또한 원활한 산소공급은 불필요한 지방을 연소시켜주므로 비만, 고혈압, 당뇨, 지방간 등 성인병 치유나 예방에 큰 도움이 된다.

사람이 병에 걸리는 원인은 몸이 차거나 체내의 산소농도가 떨어지기 때문이다. 따라서 '스트레칭+호흡+명상'으로 이루어져 있는 프로그램이 합리적이다. 운동이나 노동을 하지 않고 많이 먹으면 소화액이 분비되지 않는다. 소화액이 분비되지 않으면 먹은 것이 소화가 되지 않으므로 썩어서 독을 만든다.

이 독이 인간 모든 병의 최대 근원이 된다. 이런 사람들의 입과 몸에서는 썩은 냄새가 난다. 몸속에서 소화가 안 되어 썩기 때문에, 밖으로 썩은 냄새를 풍기게 되는 것이다. 이런 사람들의 얼굴색은 대개는 똥색이다. 붉은 장밋빛의 화색이라고는 찾아볼 수 없다. 숙변만 잘 정리해도 건강해질 수 있다.

그 독이 수십 년 동안 쌓이고 쌓이면 병이 되고 심해지면 마지막 죽음의 경로를 밟지 않을 수 없게 된다. 기혈순환이 안 되면 피가 돌지 않기 때문에 절대로 병을 예방하거나 고칠 수 없다는 것을 명심하고 또 명심하자.

뜻이 있는 곳에 길은 있다. 행복한 성공자는 일관된 계획 하에 불굴의 의지로 끝까지 일로매진하는 사람들이다. 천하를 얻고 건강을 잃으면 무슨 소용이 있겠는가. 특정인만이 행할 수 있는 건강법은 전부 가짜다. 누구나 행할 수 있는 것이 최고다.

'마음 잘 먹고' '음식 잘 먹고' '공기 잘 먹고' '합리적 운동을 규칙적으로' 하는 것, 이것이 바로 명품 몸의 요건이다.

매일 실천하는 또 다른 건강법 04

HAPPY EVOLUTION

게으른 사람이 성공하는 것을 본 일이 없다. 성공한 사람들은 모든 것을 다 잃어도 건강과 정신만 있으면 다시 일어설 수 있다는 것을 알고 있다. 즉 나이와 상관없이 건강과 정신만 있으면 된다는 뜻이다.

그럼 건강비법 중 제일 중요한 것은 무엇인가?

첫째는 일찍 일어나고 일찍 자는 것이다. 나는 새벽 5시 30분에 일어나서 밤 11시에 취침하고, 하루 8시간씩 일을 하고 나머지는 재충전을 위한 휴식과 공부하는 것을 원칙으로 한다.

둘째는 매일 수련하는 것이다. 체계적으로 정확히 수련하여 강건한 체력과 고귀한 정신을 수양한다. 수련을 정식으로 한 타임 하면, 매일 365마디 혈에 침을 한 번씩 맞는 효과를 얻는다.

이 두 가지를 원칙으로 하고 있고, 그 외에도 다음과 같은 건강비법을 갖고 있다.

〈매일 실천하는 건강비법〉

· **자고 나서 20분, 잠자기 전 20분을 활용한다.**

자고 나서 기지개 2~3회, 고양이 자세 3~4회, 그런 후 잠시 가부좌(전좌) 자세로 5분 명상, 그리고 여유가 있을 때는 준비운동을 한다(20분 소요). 모든 짐승들이 자고 나서 기지개를 쭉 펴고 척추운동을 몇 번 한 후 움직이는 모습을 상상하면 이해가 될 것이다. 잠자리에 들기 전에도 같은 방법으로 기혈순환 후 잠을 자면 숙면을 취할 수 있다.

· **식사 후는 반드시 소화시간을 갖는다.**

최소 200~300보 걷기에 해당하는 가벼운 시간을 갖는 것이 좋다. 밥을 먹고 바로 누우면 사람이 아니라 소가 된다. 특히 늦은 시간에 야식을 먹고 바로 자는 것은 독약이다.

· **여름에도 발을 따뜻하게 한다. 외출 후 또는 잠자리에 들기 전에도 반드시 손과 발을 따뜻하게 씻는다.**

· **베개를 낮게 베고 명상하는 습관을 들인다.**

· **일상에서 사업이나 협상, 즉 대결구도에 있을 때는 항상 상대와 호흡을 같이한다.**

상대보다 호흡이 길어지거나 깊어지고 고요해질 때는, 상대방의 의도가 보여 상대의 지략에 넘어가지 않게 된다.

- 올바른 식사법으로 밥을 먹는다.
  된장과 청국장 등 발효식품을 즐겨 먹는다.

- 일주일에 한두 번은 당기는 음식을 배부르게 먹는 즐거움을 갖는다.
  너무 몸에 좋은 것만 하다 보면 무슨 재미로 세상을 살겠는가. 무슨 일이든 순리적인 노력으로 대응하자. 대개는 모임이나 가족 외식으로 해결한다.

- 과음과 과식을 하지 않고, 가급적이면 커피보다 차(발효차)를 마신다.
- 매일 배풀이 마사지를 한다.

이러한 것들을 매일 실천한다면 우리들의 몸은 명품 몸이 될 것이라 확신한다. 옛날에는 비법으로 전해 내려오던 방법들이 이제는 관심만 가지면 얻을 수 있게 되었으니 얼마나 고마운 일인가. 이렇게 좋은 방법이 있는데도 게으름 때문에 실천하지 못한다면 결국 자신만 손해인 것이다.

지금부터라도 많은 사람들이 건강의 참다운 진리를 깨달았으면 좋겠다. 그래서 우리 모두가 짧은 삶이지만 건강하고 행복하게 살다 자연으로 돌아가길 바란다.

그것이 행복한 성공자의 참모습이다.

05 하루 20분의 명상으로 행복한 성공을 하자

HAPPY EVOLUTION

현대는 스트레스가 난무하는 괴로운 시대다.

전문가들은 스트레스를 만병의 근원이라고 했다. 스트레스를 관리하지 않고 방치해 두면 고혈압과 당뇨 등 생활습관병이 발병할 확률이 높다고 한다. 갈수록 경쟁이 치열해지고 살기 팍팍한 현실에서 스트레스의 발생과 이에 따른 폐해는 점점 더 커질 수밖에 없다. 사실상 스트레스가 없는 상태는 거의 불가능하다.

특히 보험영업을 하는 사람들은 매일 성과와 싸우기 때문에, 다른 어떤 직종에 있는 사람들 보다 스트레스가 많다. 게다가 반복되는 거절로 심한 좌절감까지 느낀다.

체결이 눈앞에까지 왔다가 무산될 때, 영업하러 갈 만한 곳이 없을 때, 영업실적이 저조하여 막막할 때, 현실적으로 아무리 노력해도 좋은 결과가 나오지 않을 때 등에는 더욱 심하다.

이럴수록 고객의 이익이 아닌 나의 이익을 생각하는 마음을 버리고 행복한 성공을 위한 기틀을 마련해야 한다. 우리 모두가 잘 알다시피 과도한 스트레스는 정신적 육체적으로 많은 부작용을 가져오므로 합리적인 관리가 필요하다.

스트레스 관리의 대가로 알려진 하버드 의대교수 허버트 벤슨 박사는, 동양의 전통 명상수련을 통해 스트레스를 해소할 수 있다고 주장했다. 그는 명상과 같은 마음수련법이 신체적 정신적 건강을 증진시킨다는 것을 '이완반응relaxation response'을 통해 과학적으로 증명한 바 있다.

나 역시 같은 생각이다. 나는 위와 상통하는 주제인 명상수련을 중심으로 「국선도를 응용한 명상수련 프로그램이 TMR 직무 스트레스에 미치는 영향」이라는 논문을 통해 밝혔다.

그 속에서 권장하는 방식대로 실천해 나간다면, 스트레스로 힘들어하는 많은 직장인들이 반드시 건강을 회복하고 행복한 성공의 삶을 영위할 수 있으리라는 확신도 갖고 있다.

논문의 내용은 '이 각박하고 빠른 보험영업현장에서 어떻게 하면 긍정적인 마음으로 영업에 임하느냐?' 하는 문제에 명상이 주는 도움에 대해 연구한 것이다. 생각 이상으로 명상이 가져다주는 효과는 대단하다.

나는 많고 많은 직업 중 명상을 가장 필요로 하는 직업이 텔레마케터TMR일 것이라고 생각한다. TMR은 감성 노동군으로 직업특성상 스트레스를 받는 빈도가 잦다.

때문에 그에 맞는 주기적이고 지속적인 스트레스 관리가 필요하며, 시간과 공간적 제한을 넘어서 할 수 있는 명상프로그램이 효과적일 것이라 판단되었다. 아울러 직무에 대한 스트레스를 많이 받는 TMR과 유사한 직업군에 종사하는 사람들과 나아가서 전반적인 직장인들의 직무스트레스 해소에 도움이 될 것이라 판단되어 여기에 소개한다.

〈명상 프로그램〉

이 프로그램은 직무관련 스트레스를 위한 명상 프로그램입니다. 소요시간은 약 20분이며 모두 4단계로 되어 있는데, 단전호흡·모관운동·심상수련·마무리 명상수련으로 구성되었습니다.

1. 단전호흡(丹田呼吸)

이제 의자에 앉으신 상태에서 신발을 벗으시고, 편안한 마음으로 멘트에 집중하시면 됩니다.

자~ 준비되셨으면 자연스런 상태에서 눈을 감으신 후, 양손을 포개 아랫배 앞에 살포시 갔다 댑니다. 이 상태에서 잠시 깊은 호흡을 해봅니다.

자, 따라서 한번 해보시죠?

들이마시면서 하나 내쉬면서 두~울 하나~ 두~울.

들숨과 날숨 모두 코로 합니다. 가급적 혀는 입천장에 살짝 말아서 붙입니다.

하나~ 두~울, 하나~ 두~울.

숨을 들이마시는 동안 숨이 들어옴을 확연히 알아차리시고, 내쉬는 동안 숨 또한 나감을 온몸으로 느껴보십시오.

하나~ 두~울, 하나~~ 두~~울, 하나~~~ 두~~~울……

생명과 직결되는 호흡을 일정하게 조절하는 이런 훈련을 통해 우리의 감정이 안정되어 평안함을 갖게 되고, 동시에 산소 흡입능력이 증가하여 신진대사가 활발해집니다.

2. 모관운동(毛管運動)

다음엔 모관운동에 들어가겠습니다. 건강함을 위해 필수적인 부분이 모세혈관 운동입니다. 또 한의학의 중요한 이론인 경락 이론에서는 대부분의 경락이 손과 발에서 시작하고, 끝이 납니다. 그래서 사지, 즉 손발의 모관운동 하나로도, 전신의 기운이 소통하는 효과를 얻을 수 있습니다.

의자에 앉으신 상태에서 양손을 무릎 위에 얹으시고, 왼팔을 서서히 수직으로 들어 올려 귀 옆에 갔을 때 살짝 뒤로 제쳐 어깨 부근에 긴장을 주었다 풀어봅니다.

왼팔을 하늘로 쭉 뻗은 상태에서 왼손가락을 엄지부터 힘을 바짝 주며 하나씩 차례로 꼽아봅니다.

하나 둘 셋 넷 다섯~ 주먹을 꽉 쥐고 멈춘 후 하나 둘~ 셋 넷 푸시고~ 다시 손가락을 바짝 꼽으면서 하나 둘 셋 넷 다섯 꽉 쥐고 멈춘 후 둘 셋 넷 푸시고 서서히 무릎 위에 가져다 놓습니다.

이번엔 오른발 운동입니다.

발을 땅에서 약간 떼어서 앞으로 쭉 뻗으시고 발가락 전체를 꽉 조이십시오.

멈춘 후 하나 둘 셋 넷 푸시고 다시 더 꽉 조인 후 멈추고 하나 둘 셋 넷 서서히 풀어주십니다.

자, 이제 오른팔을 수직으로 들어 올려 귀 옆에 붙인 후 살짝 뒤로 제쳐 어깨 부근에 긴장을 주었다 푸시고 오른팔은 그대로 하늘로 뻗은 상태에서 엄지부터 하나씩 차례로 바짝 꼽습니다.

하나 둘 셋 넷 다섯 주먹을 꽉 쥐시고 멈춘 후 하나 둘 셋 넷 푸시고~ 다시 바짝 꼽으며 하나 둘 셋 넷 다섯 꽉 쥐고 멈춘 후 하나 둘 셋 넷 푸신 후 오른손을 서서히 무릎 위에 가져다 놓습니다.

이번엔 왼발운동인데 발을 살짝 들어 앞으로 쭉 뻗으시고 발가락 전체를 꽉 조여 줍니다. 멈춘 후 하나 둘 셋 넷 푸시고 다시 꽉 조인 후 멈추고 하나 둘 셋 넷 서서히 풉니다.

3. 심상(心狀) 수련

자, 이번엔 이미지 트레이닝인 심상훈련입니다.

음성 안내대로 연상을 해보시는데 처음엔 느낌이 희미할 수 있겠지만, 시도하시는 자체로 효과를 보는 것이니 편안한 마음으로 따라하시면 되겠습니다.

생각을 허리 부위에 잠시 멈추신 후, 꼬리뼈로 이동합니다.

왼쪽 허벅지 밑쪽을 타고 내려가 무릎 밑에 머뭅니다.

다시 종아리를 타고 내려가 아킬레스건과 발목에 머물고, 기운이 발 전체에 퍼진다는 느낌을 갖습니다.

다시 그 기운을 모아 발목 위쪽에 머무시고, 정강이를 타고 무릎 위를 맴돈 후 허벅지 바깥쪽을 타고 엉덩이를 돌아 꼬리뼈로 옵니다.

다시 허리에 생각을 은은히 머물게 한 후, 그 기운이 척추 마디마디를 타고 서서히 상승합니다.

목에 돌출된 경추에 잠시 머무시고, 오른쪽 어깨를 타고 내려가 다시 그 기운이 팔 안쪽을 지나 팔꿈치에 닿습니다.

잠시 머물다 내려가서 손목에 머무시고, 다시 그 기운이 손바닥 전체에 퍼진다는 생각을 한 후 팔목을 거쳐, 팔꿈치 바깥쪽을 지나, 어깨에 머문 후 경추를 거쳐 척추를 타고, 마디마디를 거쳐 서서히 내리시고 다시 허리로 오십니다.

이번엔 오른발입니다.

기운이 허리에서 은은히 맴돈다고 생각하시고 오른쪽 허벅지 안쪽을 타고 내려가 무릎 밑에 다다릅니다.

다시 종아리를 타고 내려가 아킬레스건을 거쳐 발목에 머무시고, 발 전체에 퍼진다는 느낌을 갖고 다시 그 기운이 발목을 거쳐 정강이뼈를 통해 무릎 위쪽에 다다른 후 잠시 머무시고, 그 느낌이 허벅지 바깥을 타고 엉덩이를 돌아 다시 꼬리뼈로 옵니다.

허리에 머물던 기운이 척추를 타고 마디마디를 거쳐 서서히 상승합니다. 돌출된 경추에 잠시 머무시고, 왼쪽 어깨를 타고 내려가, 팔 안쪽을 거쳐 팔꿈치에 닿습니다.

잠시 머물다 내려가서 손목에 머무시고, 다시 그 기운이 손바닥 전체에 퍼진다는 생각을 한 후 팔목을 거쳐 팔꿈치 바깥쪽을 지나 어깨를 지난 후 경추에 다다릅니다.

경추에 맴돌던 기운이 목을 타고 머리 꼭대기인 두정(頭頂)과 미간(眉間)을 거쳐 잠시 얼굴에 머무십니다.

나의 삶이 녹아 있는 내 얼굴, 과연 나는 현재의 내 모습에 책임을 질 수 있을까요? 과거를 녹인 새로운 미래를 펼치려는 희망찬 나를 연상해 보십시다.

잠시 만면에 환한 미소를 지어 보시지요. 은은하면서도 환한 미소를.

그 기운을 이어 목을 지나 가슴에 다다릅니다.

숨을 한번 깊어 쉬어보십니다. 하나 둘~~.

지난 기억 중 어두운 모든 것을 깊은 숨에 훌쩍 실려 보내고, 이제 밝고 따뜻한 사랑의 마음을 가져보십시다.

엉켜 있던 미움과 회한과 고통들을 따뜻한 사랑의 마음으로 보듬어 주십시다. 그 기운 아래로 내려가 나의 영원한 안식처인 아랫배로 회귀(回歸)합니다.

잠시 편안한 상태에서 양손을 포개 아랫배에 댄 후 은은하게 깊은 호흡을 해줍니다.

명상훈련은 내면세계로의 여행이기도 합니다. 밖에만 머물던 내가 내재되어 있던 참 나를 만나는 가슴 설레는 시간이기도 하지요.

4. 마무리 명상

음악을 들으시며 깊은 명상에 들어가 보겠습니다.

자~ 머물던 고요함 속에서 이제 세상 밖으로 나오실 시간입니다. 지금 이 순

> 간 평온하십니까? 또 행복하십니까?
> 이 시간의 체험을 통해 나의 몸과 마음이 하나 됨뿐만 아니라 가정, 이웃, 그리고 여러분의 소중한 고객도 하나의 마음으로 모아질 수 있음을 느끼셨을 겁니다.
> 새롭게 느껴지는 이 청량함, 오늘도 긍지를 가지시고 생명 충만한 하루가 되길 바랍니다.

위 명상 프로그램을 실행할 때에는 조용한 곳에서 눈을 감고, 의식적으로 온몸의 긴장을 풀고, 20분 정도 지도자의 지도에 주의를 집중하되, 엄습해 오는 잡념에 사로잡히면 안 된다.

시간은 하루 중 가장 편안한 시간(오전 업무시작 전, 점심시간, 오후 휴식시간, 외근 후 일과정리 시, 또는 휴일에 자택에서 등)을 선택하여 하루에 한두 번 정도 하면 좋다. 하루 20분이 힘들면 업무시작 전 5분이나 업무종료 전 5분 정도 명상음악을 들으며 눈을 감고 조용히 생각하는 것만으로도 도움이 된다.

이 명상은 스님들이나 전문가들이 하는 대단한 경지의 명상과는 다르다. 생활 속에서 누구나 쉽게 마음만 먹으면 할 수 있는 단순한 생활명상이다. 어렵게 생각할 필요도 없다.

매일 꾸준히 20분 정도만 하면 일에 훨씬 효과적일 것이라 판단되며 치열한 삶의 현장에서 잠깐이나마 간단한 스트레칭과 과학적인 휴식만으로도 많은 도움이 될 것이다.

잘못된 생활습관은 90일 정도면 바로 잡을 수 있으므로 최소 3개월의 시간을 두고 습관화하는 것이 중요하다. 이러한 명상의 이점에 반드시 나의 건강과 일에 도움이 될 것이라는 플라시보 효과placebo effect를 결합한다면 더 좋은 결과를 창출할 수 있을 것이다.

마음이 편해야 일도 잘되고 오래오래 지속할 수 있다.

일을 하는 사람이라면 누구나 한 번쯤은 과도한 긴장, 걱정, 불안감 등의 증상을 느낄 때가 있다. 호흡이 가빠지며 불안이 밀려오고, 가슴이 아프거나 답답하게 조여오기도 하고, 심호흡을 하기도 어려워지는 증상들이 나타난다.

이럴 때는 단순한 말로 "괜찮아, 이제 그만. 그만 좀 하자!"라고 몇 번 반복하면서 눈을 감고 몸에 힘을 빼고 심호흡을 하며 천천히 숨을 내쉬는 방법을 활용해 보자.

그리고 단전이나 미간에 마음을 고정하거나 "나무아미타불!"처럼 간단한 초점 단어를 반복하는 것이 좋다. 이때 척추를 반듯이 하여 똑바로 앉거나 누우면 더 효과적이다.

현대의학의 놀라운 발전에 기반을 둔 치료법과 대체의학 방법인 심신수련법의 이완효과와 명상을 접목한다면 훨씬 효과적일 것이라는 생각이다. 그러나 동양의 심신수련법과 현대의학은 서로의 효과를 높이고 결점을 보완해 주는 관계일 뿐 의학치료의 대체품이 될 수 없다는 것을 유념해야 한다.

오늘날의 직장인들에게는 스트레스를 받아도 끈기 있게 좋은 결과를 위해 노력하는 정신력 강화가 절실히 필요하다고 생각한다.

아무리 노력해도 실패할 가능성이 높은 현실에서 각자의 목표 달성을 위해서는 끝까지 포기하지 않고 도전해야 한다. 이러한 끈기 있는 직원들을 육성하는 것이 바로 회사 성패의 관건이 된다.

퇴직이나 이직 등의 부정적인 생각보다는 남들보다 빨리 긍정적인 팩트를 찾아야 한다. 무엇보다 명상은 긍정적인 생활습관과 마인드 형성에 도움을 주고 긍정적인 팩트를 보다 손쉽게 찾을 수 있도록 도움을 준다.

06 고생을 고생으로 생각하지 마라

HAPPY EVOLUTION

행복한 성공의 진화과정에서 만나게 되는 고생을 고생으로 생각해서는 안 된다. 성공한 사람들의 대부분은 고생을 고생으로 생각하지 않는다. 그 정도 고생 안 해본 사람이 어디 있느냐, 그 정도도 안 하고 어떻게 잘되려고 하느냐, 하는 것이 그들의 생각이다.

요즘 젊은 사람들은 조금만 아파도 삶이 힘들다고 하고 나이든 사람들은 살기가 팍팍하다고 불평하는 소리가 자주 들려오곤 한다. 뭐가 그리 힘든지, 힘들다는 말을 입에 달고 다닌다. 그런다고 누가 대신 살아주는 것도 아니고, 뭔가 도움을 주지도 않는다.

나는 금방이라도 죽을 듯이 엄살을 부리는 사람을 볼 때마다 "어떤 상황에서든 최소 2~3년간은 죽었다 복창하고, 토 달지 말고 목숨 걸고 그 일에 임하라."고 조언한다. 그렇게 해도 안 죽는다.

나는 19세의 어린 나이에 대학이라고 간 곳에서 들어가자마자 머리 빡빡 깎이고 군복과 군화를 지급받고 내무훈련을 받게 되었다. 한밤중에 부산항의 불빛을 바라보며 어린 마음에 한없이 눈물을 흘렸었다. 다른 친구들은 대학생이라고 한껏 멋을 부려가며 대학생활을 만끽할 때 나와 내 동기생들은 조도와 조도 앞바다, 태종대와 영도를 벌벌 기고 있었다. 그렇지만 그때 다져진 체력과 정신력을 토대로 그 동안의 어려운 시기를 잘 견뎌냈던 것 같다.

내게는 죽다가 살아난 경험도 몇 번 있다. 처음 경험해 보는 무서운 일들이라 매우 두렵고 힘들었다. 하늘이 정말 노랗게 보였다.
 '황천항해荒天航海'라는 말을 아는가? 파장이 100미터가 넘으며 파고가 마치 산만한 파도를 만나면 정말 눈앞이 캄캄하다. 누가 바다를 낭만적이라고 했던가. 물론 낭만적일 수도 있지만 생사가 걸린 바다 사람들의 입장에서 바라보는 바다는 다르다. 최악의 상황에서도 다음 당직자를 위해 잠을 자고 밥을 먹어야 직무를 수행할 수 있다. 그 생활을 1주일 정도 하고 나면 온몸에 진이 다 빠진다. 그런데도 그 후에 다시 만나는 바다는 또 왜 그리 잔잔하고 아름다운지….

주위 사람들이 가끔 "목숨 걸고 한다."는 표현을 쓴다. 그럴 때마다 나는 속으로 웃는다. 진짜로 목숨을 걸어본 적이 있는가? 이러다 죽겠다는 생각이 딱 들면 그때는 죽거나 살겠다는 생각조차 안 든다. 오로지 어떻게든 이 상황을 극복해야 한다는 그 한 생각밖에 없다. 집중하고 싶어서 하는 것이 아니라 인간의 본능으로 살기 위해 집중하고 또 집중한다. 그 순간엔 겁도 나지 않는다.

하늘을 덮을 만큼 큰 파도가 수십만 톤 배의 브리지를 덮치고, 파도에 그 큰 배가 푹 잠겼다가 쑥 올라오며 추풍낙엽처럼 롤링과 피칭을 한다. 그런 걸 몇 번 겪고 나면 소위 간이 커진다. 어지간한 일에는 겁도 없어지고 저런 것쯤이야 하는 대범함이 생기고, 뭔가 이겨낼 것 같고 해낼 수 있을 것 같은 마음이 생긴다.

세상의 모든 일은 처음만 나를 괴롭고 힘들게할 뿐이지 몇 번 겪고 나면 아무것도 아니다. 더욱 재미있는 건 그런 경험들이 쌓이면 오히려 그런 극한 상황을 즐기게 된다는 것이다. 고통 속에서도 재미를 느끼게 되는 것이다.

게다가 나는 20대의 나이에 유서를 두 번이나 적은 후 사지로 뛰어들었다. 이란·이라크 전쟁지역인 호르무즈 해협을 통과하여 쿠웨이트에서 원유를 받아, 대한민국 여수항에 실어다 준 경험이 있다. 계속 승선하여 직무수행을 할 것인지 하선할 것인지는 본인이 결정한다. 단 목숨수당은 지급받는다. 하선한다면 용병이 그 직무를 대행한다.

호르무즈 해협을 통과할 때, 폭격을 받아 화염에 쌓인 배들과 시커멓게 탄 흔적이 있는 배들을 보았었다. 혹시라도 곤란한 상황이 발생할까봐 엔진을 최대한 줄이고 조류를 타며 밤에만 몰래몰래 다녔고, 이란이 불리하면 이란에서 이라크가 불리하면 이라크에서 언제든지 미사일이 날아올 수 있는 일촉즉발의 상황이었다.

사람이 극도의 스트레스를 받게 되면 미칠 수도 있다는 것을 처음

알았다. 같이 타고 있던 3등 기관사가 그렇게 되는 바람에 다음 항차(航次)에서 하선한 경험이 있다. 그때 얼마나 체력과 정신력이 중요한지를 뼈저리게 깨달았다.

마음만 먹으면 일주일 정도는 안 먹고 안 자더라도 죽지 않는다. 내무훈련기간에 왜 일주일간 먹이지도 않고 재우지도 않는 지옥훈련을 했는지를 그제야 이해했다. 사람이 온 정신을 집중하면 배고픔도 잊고 잠도 안 온다. 완전 소화가 되어 염소 똥을 누고, 긴장이 풀리면 그때서야 뻗는다.

아프리카의 초원에서 사자가 얼룩말을 사냥하는 모습을 상상해 보라. 도망가는 얼룩말이나 쫓아가는 사자나 둘 다 목숨을 걸고 최선을 다한다. 왜? 바로 생존이 걸려 있는 문제이기 때문이다. 얼룩말이 도망가는 데 집중하지 않고 정신 줄을 놓거나, 사자가 쫓는 데 집중하지 않게 되면 둘 중 하나는 죽는다. 굶어 죽든 먹혀 죽든.

그런데 사람은 죽을 것처럼 최선을 다하되 실제 죽지는 않는다는 사실만 안다면, 위험을 무릅쓰고 그 일을 해냈을 때 상상 이상의 보상이 뒤따른다. 나는 어린 나이에 이런 크고 작은 경험들을 하였고, 당시에는 몰랐지만 지금은 그것이 몰입의 경험이었음을 알게 되었다.

죽는 길이든 사는 길이든 선택은 본인이 하는 것이다. 그리고 본인도 안다. 이것이 죽는 길인지 사는 길인지. 모른다면 거짓이다. 그러니 너무 엄살 부리지 마라. 목숨 걸면 안되는 일 없다.

07 진정한 삶의 내공 쌓기

모든 일에는 순서와 절차가 있다. 무쇠도 갈면 바늘이 되듯 매일매일 꾸준히 실천하는 것이 수련이다. 그리고 수련을 통해 차근차근 순리에 맞게 쌓아지는 것이 바로 내공이다.

내공은 우리가 살면서 숱한 좌절과 실패에 맞닥뜨려도 그대로 주저앉지 않고 다시 일어설 수 있는 용기의 또 다른 표현이다. 겉멋에 집착하지 말고 내공을 쌓아야 행복한 성공이 진화한다. 수련하듯 내공을 쌓아야 한다.

내면의 소리에 집중하여 열정을 키우고 될 때까지 시도하고 주변 시선을 의식하지 않으며 자신만의 경험을 거울삼아 실력으로 겨룰 수 있을 때, 우리 모두 진정한 삶의 고수가 되어 있을 것이다.

■■ 자신과 조직의 내면의 소리에 귀를 기울여라

요즘 같은 불경기에 좋은 직장에서 오래오래 근무하고 싶지 않은 사람이 어디 있겠는가. 오늘날 많은 기업들이 규모 확충과 경쟁력 강화에 노력하고 있는 것도 따지고 보면 모두 끝까지 살아남기 위한 것이다. 그러한 노력에도 불구하고 오래 버티는 기업이나 개인이 많지 않은 이유는 따로 있다.

과연 끊임없이 진지하게 고객과 시장을 연구하고 새로운 기술을 연마하고 고객관리에 총력을 기울이는 사람들이 몇 퍼센트나 될까? 어떤 제품 하나가 히트를 치고 유행했다 하면 서로 혈안이 되어 유사품부터 만들기에 급급하지 않은가.

이러한 태도로는 어떤 기업이나 개인도 이익을 내기 힘들다. 또 어떤 회사의 대표들은 이루지 못할 겉만 번드르르한 청사진을 자랑삼아 늘어놓기도 한다. 그렇게 허황된 목표에 정신이 팔려 있는 동안 정작 회사 내부의 위험도가 커지고 있음을 그들은 깨닫지 못하고 있는 것이다.

자신과 조직의 내면의 소리에 귀를 기울여라. 그러면 들린다. 경박하고 충동적인 태도를 버리고 확실하고 이성적인 태도로 조직을 경영하는 것이야말로, 조직이 롱런하고 성장하기 위해 반드시 지켜야 할 철칙 중의 철칙이다.

어느 고승에게 물었다.

"느끼고도 말하지 못하는 것을 무엇과 같다고 합니까?"

"꿀 먹은 벙어리라 하지."

"그럼 느낌도 없으면서 말만 번지르르하게 하는 자는 무엇과 같은가요?"

"앵무새가 그렇지."

이렇듯 우리가 경계해야 할 것은 앵무새처럼 마음에 담긴 것도 별로 없으면서 마냥 입으로만 떠들어대는 것이다. 자신의 철학이나 콘셉트도 없이 남이 하니 나도 한다는 방식으로는 남 이상이 절대 될 수 없다. 행복한 성공을 이룬 자는 매사에 자기만의 철학이 있는 사람들이다. 영업이든 인생이든 혼이 있고 철학이 담겨있어야 행복한 성공자가 될 수 있다.

■■ 프로의 첫 번째 덕목, 열정을 키워라

사회조직이란 여러 사람들이 꿈을 안고 가는 생명체이자 끊임없는 평가가 오가는 삶의 전쟁터. 그만큼 어떤 일을 맡았으면 자신의 모든 것을 걸고 확실한 부가가치를 내야 한다.

나는 원하는 결과를 얻기 위해 한번 시작한 일은 최선을 다하려고 노력한다. 항상 최선을 다하다 보면 성과는 반드시 따라온다고 믿기 때문이다.

동아 마라톤 풀 코스 완주 후

적어도 나의 경험을 비춰보면 그렇다. 나는 42.195km의 마라톤 코스와 1박 2일 동안의 150km 코스를 완주한 적이 있다. 그때 끝까지 포기하지 않고 힘겹게 골인 지점의 테이프를 통과하는 순간, 더할 수 없는 절정의 황홀감을 맛보았다.

또한 몽블랑 정상과 히말라야 베이스캠프 6,000m 고지의 칼라파트라 정상에 섰을 때는 온몸이 터질 것 같은 고통 속에서도 진정한 성취감을 맛보았다.

그리고 내가 맡은 업무에서도 최고의 성과를 창출한 경험이 있다. 이렇게 진정한 성취감을 느꼈을 때 마다 나는 스스로에게 질문해 본다. '황홀감과 성취감을 만들어내는 동력은 무엇일까?'

나에게 그것은 열정이다. 그것도 불타는 열정! 내 가슴이 불타야 상대의 가슴에 불을 지필 수 있다. 사랑도 일도 마지막 정점까지 도

페리체에서 바라 본 에베레스트 정상

달할 수 있다. 가슴속에 뜨거운 열정이 있는 사람은, 어떤 상황에서도 밝고 맑으며 눈이 반짝반짝 빛난다.

내 인생 최고의 프로젝트는 바로 나 자신의 행복한 성공이다. 즐겁고 유쾌한 자기계발법을 한 가지씩 실천에 옮겨야 한다. 자신의 울창한 숲을 위해 시간을 나누어 배우고 실행하는 모습은 얼마나 아름다운가! 언제까지 이 핑계 저 핑계로 세월만 보낼 것인가? 누구나 삶의 종점에 이르면 허세를 버리고 알몸을 드러내듯 솔직해진다고 한다.

문득 영국 극작가 버나드 쇼의 묘비명이 떠오른다.

"우물쭈물하다가 내 이럴 줄 알았다."

그 어떤 말보다 진솔하게 가슴에 와 닿는다. 하루하루 한 순간 한 순간을 우물쭈물하면서 세월을 헛되이 보내는 우리들에게 경고음을 울려주는 묘비명이다.

밀고 당기고 빠르고 늦고 우리 삶 자체가 리듬을 탄다. 오르막이 있으면 내리막이 있고, 잘 될 때가 있으면 잘못 될 때도 있다. 음지가 있으면 양지가 있고 실패가 있으면 성공이 있다. 작은 일에 일희일비하지 말고 큰 생각을 갖고 먼 길을 떠나는 심정으로 행복한 성공을 위한 전략을 수립해야 한다.

불타는 열정이 가슴에 지펴지면 인생이 달라진다. 그러나 반드시 열정은 올바른 방향과 함께 여야 한다. 열정은 있는데 방향이 없거나 방향은 있는데 열정이 없다면 제대로 된 빛을 발휘하지 못한다.

■ 시도하고 또 시도하라

"제가 하루를 연습하지 않으면 저 자신이 알고, 이틀을 연습하지 않으면 평론가들이 알고, 사흘을 연습하지 않으면 관객이 압니다."

피아니스트 겸 작곡가인 루빈스타인의 말이다.

보험영업하는 사람들끼리는 '하루 일 안 하면 내가 알고, 이틀 일 안 하면 동료가 알고, 사흘 일 안 하면 고객이 안다'라고 한다. 이미 고객이 내가 일을 안 한 것을 알아차렸다면 나의 비전 달성은 요원해진다.

많은 직장인들이 프로 운동선수들에게는 끊임없는 연습과 노력이 당연하다고 생각하면서도 그 잣대를 자신에게 적용시키지 않는다. 본인이 인식하든 못하든 모든 직장인들은 프로의 세계에 살고 있는 것이나 마찬가지인데 말이다.

스스로가 곧 프로라는 자각을 하고, 프로에게는 엄청난 노력과 탁월한 성과가 요구된다는 사실을 인식하는 것이야말로 행복한 성공의 시발점이 될 것이다. 더욱이 지금 청춘의 한 시기를 지나고 있는 사람이라면 무슨 말이 더 필요하겠는가.

항상 자신의 최대치 maximum에 도전하여 크기 size를 키워라.

한계점을 넘어야 점점 더 성장한다. 실력이 있으면 배짱 좋게 살고 실력이 뒷받침되지 않으면 남의 눈치를 살피게 된다. 자신의 인생이 타인의 컨트롤을 받게 되는 것, 이것보다 더 불행한 일은 없다.

진정한 실력이란 무엇인가? 자기분야에서 최고가 되는 것을 뜻한다. 그러기 위해서는 항상 관심을 가져야 한다. 늘 배움의 길을 열어두는 것이다. 마음을 열고 마음의 눈으로 조용히 자신을 관찰해야 한다. 성실한 오픈 마인드 open mind는 가정이나 직장뿐 아니라 자신을 생각하고 성찰하게 만든다. 이러한 적극적 사고의 자극을 통해, 자기반성을 하게 되고 남의 입장도 이해하게 된다.

열정을 갖는 것은 중요하다. 그러나 무턱대고 열정만 가지고 달려드는 것은 진정한 윈윈 win-win 전략이 될 수 없다. 나만의 이익을 위해 전전긍긍하는 것일 뿐이다.

완벽한 기회가 오기만을 기다리다 삶을 헛되이 보내는 사람들도 종종 있다. 그러나 세상 어디에도 완벽하게 주어지는 기회란 것은 없다. 작은 성공이 모여 큰 성공을 이룬다.

게임의 승패는 후반전에서 판가름이 나게 돼 있다. 인생 또한 마찬가지다. 최종 목표에 도달하지 못한다면 전반전에 이룬 업적들이 무슨 소용이 있겠는가? 게다가 전반전은 항상 생각보다 빨리 끝난다.

행복한 성공을 위해서는 기본적인 조건들이 있다. 여러분이 만약 현재 1:0으로 지고 있고 후반 종료 10분을 남기고 있는 축구팀의 감독이라면, 어떤 작전지시를 내리겠는가? 지금이라도 당장 작전타임을 불러서 인생의 전략을 수정해야 한다.

우리 인생은 단 한 번의 기회밖에 주어지지 않는다. 연습할 수도, 반복할 수도 없는, 순간순간이 일회성의 시간이다. 그런데도 우리는 날마다 허둥대며 목표 없이 살아간다.

마음을 단단히 먹고 사력을 다해 될 때까지 긍정적이고 적극적으로 시도해 보자. 분명한 사실은 슈팅을 날리지 않으면, 절대로 골은 들어가지 않는다는 사실이다.

■■ 주변 시선을 의식하지 마라

인생은 묵묵히 내 길을 가는 것이다. 주위의 야유, 환호, 웅성거림에 답하는 것이 아니다.

가끔 자기 역량에 대한 과신으로 능력보다 오버over하여 일하다가 훌륭한 자질의 소유자임에도 불구하고 제대로 피어보지도 못하고 사라지는 경우를 많이 목격했다.

절대로 오버하지 마라. 자신이 해야 할 일을 끝까지 잘 마무리하는 것이 중요하다. 어떤 일을 그냥 열심히 하는 것과 일의 시작과 끝을 알고 효율적으로 하는 것은 아주 다르다. 어떤 사람이 어떤 자세로 어떤 일에 임하고 있느냐가 제일 중요하다. 일에 대한 성과도 확실히 차이가 난다.

멀리 가거나 큰 산을 오르는 사람은 천천히 잔걸음으로 가야 한다. 히말라야를 등정하려는 사람과 100미터 달리기를 하려는 사람과는 그 출발 전략에서부터 상당한 차이가 난다.

한 분야에서 롱런하거나 전문가로서의 행복한 성공을 바란다면 각각에 맞는 법칙을 인지하고 있어야 한다.

아무리 작은 일이라도 정성을 담아 10년간 꾸준히 하면 큰 힘이 된다. 20년을 하면 두려울 만큼 거대한 힘이 되고 30년을 하면 역사가 된다. 10년을 하루처럼 흔들리지 않고 꾸준히 일해 온 사람들에게 돌아가는 것이 행복한 성공이다.

■ 완벽주의자가 되지 말고 경험주의자가 되라

마라톤, 골프, 영업, 우리들의 삶….

모든 것이 반복이다. 한 달이 지나면 또 한 달이 시작된다. 전체의 행복한 성공을 도모함과 동시에 그 속에서 자신의 가치를 높여야 한다. 반복되는 일상 속에서도 창의력을 발휘하여 자신의 가치를 높여야만 행복한 성공을 이룰 수 있다.

특히 '경험'의 스승을 만나야 오래오래 행복하게 살 수 있다. 지난날의 삶에 너무 집착하지 마라. 어차피 한 번 간 인생 되돌릴 수도 없지 않은가? 단 자신이 걸어온 삶을 뒤돌아 보고 보다 나은 삶의 설계를 위해 현재의 전략을 항상 검토하고 수정 보완해라. 그렇게 지나온 삶을 되새김질하며 스스로 반성하는 길을 택하라.

완벽한 미래만을 꿈꾸는 것이 아니라 자신의 경험을 거울삼아 정정당당하게 실력으로 승부할 때, 여러분 모두 행복한 성공자가 될 수 있을 것이다.

08 행복한 성공의 키포인트, 가족

HAPPY EVOLUTION

다치바나 아케미가 쓴 「식구食口」란 글이 있다.

"인생의 낙은
처자가 한자리에 모여
화목하게 머리를 맞대고
음식을 먹을 때"

이 글을 읽고 있으면 나도 모르게 따뜻한 미소를 짓게 된다. 가족이야말로 행복한 성공의 열쇠를 쥐고 있는 가장 소중한 존재이기 때문이다.

우리 모두 더 늦기 전에 깨달아야 한다. 무엇 때문에 그렇게 매일매일 목숨을 걸고 삶의 현장에서 사투를 벌이는지? 가벼운 바람만

불어도 성난 불처럼 불타오르는 당신의 그 뜨거운 열정, 그 불꽃의 원천은 무엇인지?

  이는 돈 때문도 허울만 좋은 성공 때문도 아니다. 전적으로 행복한 가정을 이루기 위해서임을 늘 가슴속에 기억하고 있어야 한다.

  자신에게 솔직하고 가족에게 부끄럼이 없어야 제가齊家가 되고 치국治國이 되는 것이다.

  자기관리도 못하면서 가족에게 강요하고, 사회에서 오히려 남에게 피해를 주는 사람들을 보면 참 안타깝다. 정정당당하지 못하게 편법을 동원하여 성공한다 한들, 자기 자신은 물론이요 목숨보다 소중한 가족들 보기에도 면목이 없지 않겠는가.

  이 치열한 삶의 현장을 고생고생하면서 지키고 있는 것도, 모두 나와 가족의 행복을 위해서다. 내가 제공한 노동력의 대가로 재화를 받아, 나와 내 가족이 필요로 하는 곳곳에 투자하기 위해 우리의 가치를 높이고 교육수준을 높이고, 궁극적으로 삶의 질과 부가가치를 높이려고 이렇게 노력하고 있는 것이다.

  여러분이 잘되었을 때 최소한 가족으로부터는 "고생 많으셨다. 수고 많으셨다." "감사합니다." "아버지 덕분에! 당신 덕분에!"라는 소리를 들을 수 있어야 한다. 직장동료나 상사, 거래처 직원들이 아닌 가장 소중한 가족으로부터 이런 소리를 듣는 사람이 진정으로 행복한 성공자인 것이다.

가정은 사회의 기본단위다.

모든 사람들이 인생의 많은 시간을 가정의 일원으로 살아간다. 행복하고 건강한 가정은 개인에게는 더없이 소중한 삶의 보금자리이며 건강한 사회의 주춧돌이 된다. 그래서 그 행복한 가정의 주체는 가장이 되어야 한다. 가장이 가정에서 자신의 역할과 책임을 깨닫고 실천에 옮겨야 한다.

때로는 삶의 곳곳에서 새로운 선택을 해야 될 때가 있다. 그럴 때 진정 행복한 가정이라면, 지금과는 전혀 다른 삶을 선택할지도 모르는 상황에서 가족과 상의도 없이 일방적으로 강요하는 것은 옳지 않다.

나에게는 똑똑한 사업가이자 명성이 높은 지인이 있다.

대부분의 사람들은 그를 보고 일가를 이룬 삶이라고 한다. 나름 성공했다는 의미다. 그는 명석한 두뇌와 사업수단으로 회사를 세웠고, 그 과정에서 성공의 온갖 열매와 결과를 얻었다.

게다가 사랑스런 아내와 훌륭하게 성장한 자녀를 두고 있고, 말쑥하고 건강하며 아직 나이 50밖에 안됐지만 오늘 당장 은퇴해도 남은 생을 후회 없이 즐길 정도로 행복한 가정도 이루었다.

하지만 그는 현재 아내에게 버림받을 처지에 놓여 있다. 표면적으로 보이는 풍요와 행복 아래에서, 심각한 문제가 계속되고 있었기 때문이다.

정황으로 미루어 볼 때 아내에게 다른 남자가 있는 것도 아니었고, 친구 또한 그렇지 않았다. 문제는 그가 성공가도를 달리기 위해 아주 오랜 기간 동안, 정작 자신과 가정은 소홀히 했다는 것이었다.

지금 친구는 선택의 기로에 있다. 만약 지금 신중하게 선택하지 않으면 여태껏 일궈온 그의 성공은 어떻게 될까? 부부 각자의 관점에서는 서로가 진실인 것이다.

이러한 삶이 과연 행복한 삶인가를, 누군가의 잘잘못을 떠나 서로 관점의 차이를 볼 수 있어야 한다. 상황이 이럴 때는 모든 것을 내려놓고 가족의 곁으로 돌아가라.

가정이 행복해야 일도 잘된다.

■■ 행복한 성공의 첫걸음, 가화만사성家和萬事成

예부터 큰일을 하려면 먼저 자기 가정을 바로 잡으라 했다.

가정을 바로 잡고자 함은 먼저 자기 자신을 갈고 닦는 것이다. 즉 자신을 닦고자 하는 것은 자기의 마음을 바르게 함이다. 수신修身은 누구나 해야 할 기본 중의 기본이다. 마음이 바르면 언행이 잘 다스려진다. 그리고 언행이 일치되어야 가정이 바르고 화목해질 수 있다.

개인은 가정의 중심이요 사회의 한 부분이다. 자기 자신을 잘 다스리지 못하면 세상에 바로 설 수가 없고, 자신이 바로 서지 못하면 가정도 바로 잡을 수 없다.

사장과 직원은 지위로서 구분되지만 수신에는 지위의 구분이 있을 수 없다. 어느 누구든 예외일 수 없다. 그러나 대개의 사람들이 자신의 지위만 중시할 뿐 수신을 소홀히 하고 있으니, 이것이야말로 큰일이 아닌가.

모든 일에는 시작과 끝이 있다. 나무에 뿌리가 있고 줄기가 있고 잎이 있듯, 몸을 바르게 수양하려면 우선 그 마음이 올바른 상태에 있어야 한다. 집안에 재산이 넉넉해지면 집이 윤택해지듯, 사람도 마음이 넉넉해지면 몸이 윤택해지기 마련이다. 마음속이 공명정대하여 한 점 부끄러움 없이 솔선수범하면, 몸과 마음은 절로 편안해질 것이다.

현대인들은 매일매일이 전쟁의 연속이다. 일과의 전쟁, 스트레스와의 전쟁, 건강과의 전쟁 등등. 문명의 이기는 우리에게 편리함을 가져다줬지만 음식, 주거환경, 교통수단, 정보 등의 수많은 변화를 가져왔다.

이런 환경에서 삶은 누가 기득권을 쥐느냐의 게임이다. 인생에 책임을 져야 하고 때론 중요한 결정을 해야 한다. 매일매일 중요하고 작은 결정들이 사실은 눈에 보이지 않게 이루어지고 있다.

만약 이 모든 결정들이 단순히 편리하다는 이유만으로 내린 결정이라면, 바로 그 결정들 때문에 우리 가족이 잘못될 수도 있다는 것을 명심하자.

이렇듯 작은 결정을 내릴 때에도 반드시 가족과 함께 상의하고, 그들의 입장을 배려하며 신중 또 신중하게 결정해야 한다.

집안이 화목해야 모든 일이 잘된다는 이 기본적인 진리를 잊지 않고 실천할 때, 행복한 성공으로 한 발짝 더 가깝게 다가갈 수 있는 것이다.

■ 세상에서 가장 친한 관계, 부모와 자식

부모와 자식 사이는 사람이 태어나서 가장 먼저 맺는 인간관계다. 이 세상에서 누구보다도 가장 친한 관계다. 이 관계는 오륜 중에서도 첫째로 손꼽힌다. 천륜인 만큼 자기 마음대로 선택하거나 바꿀 수도 없는 절대적인 것이기 때문이다.

부모父와 자식子 사이에 친애함이 잘 유지되어야 가정생활이 원만해지고 사회가 좋아지며 문화도 발전한다. 따라서 사람이 사람답게 살고, 가정이라는 공동체를 번영하게 하고, 사회 문화를 발전하게 하는 집단윤리라고도 할 수 있는 것이다.

부자유친父子有親은 윤리의식이 희박해지는 현대사회에서 더욱 필요한 행동규범의 이정표라고도 할 수 있다.

모든 부모는 자식 잘되기를 바란다. 그러나 나는 자식이 잘되기보다 행복하기를 바란다. 잘된다는 말은 보통 부귀영화를 누리고 출세하는 것을 의미한다. 하지만 출세하는 것이 곧 행복한 것은 아니다. 사람은 부귀영화를 누리는 것보다 행복하게 살아야 한다.

과거보다 현재가 더 즐겁고, 결혼 전보다 후가, 어제보다 오늘 한 번 더 웃을 수 있는 것이 행복한 인생 아닌가. 오히려 과거를 회상하며 그때 그 시절이 행복했다고 하는 것은 얼마나 허무한 일인가.

부모라면 자기 자식이 아무리 못났어도 정에 가려 대견스럽게 느껴지기 마련이다. 그러나 이 때문에 공명정대한 입장이 되지 못하면, 절대로 좋은 부모가 될 수 없다. 나에게 제일 가까운 자식이 나로 인해 기쁨을 누리지 못한다면 그보다 더한 비극도 없다. 나로 인해 기쁨을 즐거움을 보람을 행복감을 느낄 때, 나에게 감사하지 않겠는가?

반대로 부모 생각만 해도 머리가 지끈거린다면 그것은 전적으로 부모의 책임이다. 자기 인생이 기쁘고 즐거울 때, 인생이 행복할 때, 무언가 갚을 것이 있는 것이다. 인생이 고달프면 부모의 은혜를 생각할 수 없다.

자식을 사랑하면 말로만 습관적으로 하지 말고 자식이 타고난 능력이 무엇이고 무엇을 잘하는지를 관찰하고 능력을 키워주고, 좋아하는 것을 해줘야 한다. 어려서뿐만 아니라 성인이 되어서도 부모만 생각하면 얼굴에 미소가 번지고, 자주 곁에 있고 싶어진다면, 하지 말라고 해도 저절로 효자 효녀가 될 것이다.

■■ 삶의 동반자, 부부

한 여론조사기관의 "현재의 배우자와 다시 결혼할 생각이 있는가?"라는 질문에 '그렇다'라고 대답한 경우가 40%라고 한다. 또한 "노후에 누구와 지내고 싶은가?"라는 질문에는 73%가 '배우자'라고 대답했다고 한다.

갈수록 자식과의 결속감은 약화되고 믿을 건 배우자뿐이라는 생각이 강해지고 있다. 노후는 자식한테 기대지 않겠다고 하면서도, 자식들의 빈자리를 채워줄 해답을 못 찾고 있는 것이다. 그 답은 부부간의 사랑이다.

부부는 서로 사랑할 때 가장 아름답다.

가정이 무너지면 세상이 무너지는 것이므로, 부부가 다투고 싸우는 것은 세상의 기초를 무너뜨리는 것이다. 서로 다른 환경에서 성장한 두 사람이 가정을 이루고, 그 가정은 행복한 성공의 기초를 이룬다. 우리 사회를 지탱하고 있는 것이 바로 이 가정의 힘인 것이다.

가정의 기초는 부부의 사랑이다. 그 사랑의 관계를 통해 가정이 만들어지고, 그 가정을 통해 아이들이 성장하며, 그 아이들이 또 새로운 가정을 만들어 간다. 그리고 그 가정을 기초로 행복한 성공자가 만들어진다. 부부의 사랑은 행복한 성공의 뿌리인 것이다.

나의 경우 아내와 결혼한 후부터 늘 함께했다. 그녀는 내가 어려운 선택을 했을 때도 꽁무니를 빼지 않았다. 인생의 가장 중요한 결정을 내려야 할 때도 나와 함께해주었다. 그렇다고 조용히 곁에만 있어준 것도 아니다. 여러 가지 질문을 하고 제안을 하여, 내가 당당하게 새

삶을 살아나가는 데 일조했다. 지혜로움 또한 갖추고 있어 내가 어떤 상황에서 해답을 찾지 못해 고민할 때에도, 아내에게 의견을 구하면 기막힌 해결책을 제공해 주었다. 아내가 시키는 대로만 하면 늘 정확했다.

우리 부부는 늘 진정한 삶의 동반자로 여기며 살아왔다. 결혼생활 내내 서로 협력하고 상의하고자 노력해왔다. 최근엔 많은 대화를 통해 서로에 대한 또 다른 교감이 이루어져 기쁘다.

그래서 우리 가족이 처한 재정적 상태나 부부의 노후, 자녀들의 장기적인 목표 등을 정직하게 직시하고 있는 편이다. 회피하기보단 본질적인 질문을 통해 공동의 노력으로 해결해야 하기 때문이다. 그런 의미에서 아내는 나의 개인의 멘토이자 어드바이저임에 틀림없다.

행복 전문가인 에드 디너 교수는 긍정 심리학의 대가인 마틴 셀리그먼 교수와 함께 「매우 행복한 사람 Very happy people」이라는 흥미로운 논문을 발표했다.

이 논문에 의하면 가장 행복한 사람들의 중요한 기준이 되는 것은 돈, 건강, 운동, 종교가 아니라 '관계'라는 것이었다. 최고로 행복한 사람들은 혼자 있는 시간이 적었고, 사람들을 만나고 관계를 유지하는 데 많은 시간을 할애하고 있었다.

요즘은 어디서 살고, 어디서 쇼핑하고, 어디서 식사할 것인가라는 일상적인 문제들이, 우리들의 삶을 지배하고 있다 해도 과언이 아니다. 그러나 많은 전문가들은 행복은 'how' 'where'의 문제가 아니라

'why' 'who'의 문제임을 지적하고 있다. 탁월한 성취를 이룬 사람들, 커다란 역경을 이겨낸 사람들, 자기 삶에 만족을 누리는 사람들에게는 거의 예외 없이 'who'가 있었다. 그 'who'가 바로 당신의 목숨과도 바꿀 수 있는 배우자와 자녀들이 아닌가.

함께 있기만 해도 유쾌하고 즐거운 가족. 가족이 곁에 있으면 왠지 모르게 안심이 된다. 훗날 나의 죽음 앞에서 짠한 감동의 눈물을 흘려줄 그런 든든한 자식과 아내가 있다면, 그것이야말로 행복한 성공자의 아름다운 마무리가 될 것이다.

09 아들과 함께한 몽블랑 등정을 통해 배운 삶의 지혜

HAPPY EVOLUTION

내가 아들과 함께 몽블랑에 도전한 데는 몇 가지 이유가 있었다.

첫 번째는 부모로서 자식에게 약속을 지키며 언행일치하는 모습을 솔선수범하여 가르치고 싶어서였다. 또한 등반과정을 통해 그 순간의 느낌을 전달하고 당시의 상황과 심리, 정상에서의 느낌, 뭔가 생각만 해도 가슴이 뜨거워지고 짜릿짜릿하게 가슴이 설레는 이런 일들을 나 자신뿐 아니라 아들에게도 느끼게 하고 싶었다.

두 번째는 개인적인 바람으로 인생의 버킷리스트bucket list를 실행에 옮기고 싶어서였다. 한 번은 꼭 해보고 싶은 욕망, 그냥 죽기 전에 꼭 해보고 싶고 가보고 싶은 마음 때문이었다. 더불어 진취적 기상이나 개척정신을 배우고 싶었고, 남이 가지 않는 길을 가본 자만이 느끼는 쾌감을 느끼고 싶었다. 이게 차별성이지 않겠는가.

세 번째는 알파니즘(셀파의 도움없이 스스로 준비부터 정상정복까지 해결하고자 하는 등산용어)과 다양한 문화를 체험하고 싶어서였다. 쿠떼산장에서의 그

질긴 빵맛을 영원히 잊을 수 없을 것 같다. 다양한 사람이 모여 사는 것이 세상이다. 막상 가보니 살아가는 방식도 사람도 모두 비슷하거나 같았다.

난 전문 산악인이 아니다. 그러나 그들이 할 수 있다면 나도 할 수 있다는 생각을 한시도 잊은 적이 없다. 단지 기회가 주어지지 않았을 뿐이다. 하지만 언제 다가올 지 모를 기회를 잡기 위해 나는 평상시에도 부단한 노력을 아끼지 않았다. 매일, 매주, 매월, 나의 스케줄 플랜을 짜고 연습하고 또 연습해서 모든 준비가 완료 됐을 때 실행에 옮겼다.

그리고 마침내 2008년, 알프스 산맥의 최고봉 몽블랑에 올랐다. 쟈크 발머와 파카르가 초등한 이후 몽블랑은 알피니즘의 시작점이 되었고, 지금은 이 몽블랑을 오르기 위해 전 세계 산악인들이 샤모니를 찾고 있다.

최고봉을 거느린 몽블랑 산군은 하늘을 찌를 듯 뾰족하게 솟아 있었다. 수많은 침봉들과 암벽과 설벽, 웅장한 빙하와 설원으로 인해 이 지역 사람들은 '신의 저주를 받은 산'이라 여겼을 만큼, 아름답고 모험을 해야 하는 산이다. 또한 편안한 리조트로 잘 알려진 샤모니는 1924년 제1회 동계올림픽이 개최된 곳이며, 곳곳에 입을 벌리고 있는 크레바스와 사계절 흰 만년설과 빙하를 넘어 몽블랑 정상으로 오르는 거점도시다. 이곳을 나는 작은아들 창목이와 함께 등정에 성공했다. 나에게 몽블랑이 더욱 각별하게 다가오는 이유다.

등정에 앞서 우리들은 에귀디미디를 찾아 고소와 설상 적응을 위한 훈련을 실시했다.

해발 3,842m의 중앙봉과 남북봉 등 3개의 봉우리로 이루어진 에귀디미디를 오르기 위해선 케이블카를 타야 한다. 나는 내리는 순간 우리 눈앞에 펼쳐진 광경에 모두 넋을 잃고 말았다. 폭이 50cm 정도로 깎아지른 듯한 천 길 낭떠러지인 내리막 능선이었기 때문이다.

겨우 한 명이 걸을 수 있는 공간을 약 500m 이상 아이젠을 차고 4~5명씩 안자일렌을 한 채 내려가자니, 절로 오금이 저려왔다. 겁도 났지만 아이젠을 차고 이중 등산화를 신고 완전무장한 복장으로 설산을 걷는 일은 처음 해보는 일이라, 발걸음이 제대로 떨어지지 않았다. 한 명이 쓰러지면 굴비처럼 엮인 우리들 모두가 천 길 낭떠러지로 곤두박질칠 판이었다.

집중 또 집중하고 "우리는 할 수 있다, 할 수 있다!"를 수없이 외치며, 앉으면 죽는다고 서로를 격려하며 내려갔다. 가까스로 설상훈련을 마친 대원들은 본격적인 몽블랑 등반에 나섰다.

신의 허락이 떨어져야 오를 수 있다는 정상.
우리가 선택한 코스는 니데글에서 시작하여 떼떼산장(3,183m), 쿠떼산장(3,808m)을 거쳐 정상으로 오르는 쿠떼루트를 선택했다. 니데글에서 떼떼산장으로 가는 구간인 너덜지역에서, 우리는 뼛속까지 파고드는 강한 눈보라를 맞아 모두 대자연의 공포에 떨어야 했다.

몽블랑 정상에서 아들과

너들지역에서 첫 고생을 무척 심하게 했다. 고소적응이 안되어 어질어질한 상태로 산장에 도착하여 짐을 정리하고 있을 때였다.

아들이 할 말이 있다고 해서 산장 밖으로 나갔더니 대뜸 "아빠, 저 죽으면 죽었지 더 이상 한 발자국도 못 가겠어요. 저는 공부도 더해야 하고 결혼도 해야 하고 할 일도 아직 많이 남아 있는데 여기서 죽긴 싫어요." 하면서 울먹이는 게 아닌가. 나도 너무 무섭고 힘이 들었는데 열여덟 살 먹은 아들은 오죽했으랴.

"그래, 네 마음 이해한다. 지금부터 가고 안 가고는 네가 결정할 문제지만, 이왕 한국에서 여기까지 왔으니 포기하면 아깝지 않겠니? 내가 너라면, 알프스 최고봉인 몽블랑 정상에 올랐을 때의 기쁨은 네 친구 중 누구도 이런 경험이 없는 너만이 겪은 특별한 경험이라고 생

행복한 성공을 진화시켜라 217

각한다. 또 미래의 여자 친구나 자식들 앞에서 힘들고 어려웠지만 잘 극복하여 아빠와 함께 정상에 올라 행복했다는 얘기를 자랑스럽게 하고 있는 네 모습을 떠올리며, 포기하지 않고 끝까지 가겠다. 솔직한 아빠 마음은 이렇지만 판단은 네가 해라."라고 조언을 해주었다.

한참을 밖에서 혼자 고민하던 아들이 다시 보자 해서 나갔더니 "다시 한 번 굳게 마음먹고 정상에 올라가겠습니다." 하는 것이었다. 속으로 얼마나 기쁘던지.

그 후 힘들었던 정상까지의 과정과 하산과정에서도 불평 한마디 없이 끝까지 등정에 성공한 아들에게, 이 자리를 빌려 정말 멋진 동행이었다고 말하고 싶다.

나는 등반 내내 등반대장을 믿었다. 진정한 책임이란 모든 상황에 답을 줄 수 있는 능력이고, 목숨을 걸 수밖에 없는 상황에서 믿고 맡길 수 있는 건 신뢰감이다.

등정 내내 우리를 책임졌던 대장의 '나는 당신을 책임질 것이다!'라는 강한 눈빛과 무언의 메시지는, 경험이 부족한 우리들에게 한없는 든든함으로 다가왔다.

대장은 이 분야의 전문가다. 우리는 아마추어이며 오로지 한번 해보겠다는 열정뿐이었다. 심지어 안전벨트와 아이젠 차는 법도 모르고 기본적인 설산 훈련경험도 없는 우리를, 하나하나 가르치며 인도해 주었다. 그 결과 우리는 무모할 정도의 희박한 가능성에 도전하여 '전원 정상등정, 무사귀환'이라는 목표를 이루어냈다. 모두가 꿈꾸는 은빛 매혹을 지닌 산, 그 알프스 몽블랑에 우리가 오른 것이다.

사람은 부족함이 있어야 한다. 그때 목표가 생긴다. 열정적인 마음과 열린 마음을 가진 상태에서의 성실한 관찰은 우리의 사고를 자극한다. 그래서 관심을 갖게 되고 '한번 도전해 볼까?'라는 마음을 먹는 순간, 내 삶의 전환이 시작되는 것이다.

등정도 마찬가지다. 목표가 있었기에 힘들고 어려운 과정을 무사히 잘 견디며, 평생 잊지 못할 아름다운 추억을 갖게 되었다. 그래서 남들보다 곱절 이상의 성취감을 우리는 느꼈다.

등정에 성공하고 나니 무언가 큰일을 해냈다는 성취감, 경험하지 못했던 것에 대한 자신감, 나 자신에 대한 놀라움과 대견함 등이 생기고, 이런 것이 바로 나만의 강점이자 타인과의 차이점이 돼줄 것이란 생각이 들었다.

놀이시설의 청룡열차처럼 극도의 위험에 노출됐을 때 느끼게 되는 짜릿한 쾌감이 있다. 그러나 등정에 성공한 후 느꼈던 짜릿함은 그보다 백배는 더 가슴 벅찬 환희였다.

갖가지 난관과 고통에도 굴하지 않고 그것을 극복해 낸 후 얻게 되는 성취감은, 어떤 것과도 바꿀 수 없는 인생의 자산이 된다. 이 모든 것은 오직 목표로 한 것을 이루고 난 다음에야 비로소 깨닫게 되는 것이다.

그리고 이러한 경험이 꼭 필요한 사람들이 떠올랐다. 조금 경제적으로 성공했다고, 스스로 나름 출세했다고 생각하고 있는 사람들은 반드시 한 번쯤 가봤으면 좋겠다. 누군가 마음 속에 교만함을 품고 있다 하여도 10일만 걷다 보면 싹 사라지고 말 것이다.

산을 오르다 보면 자신이 얼마나 미미하고 자연의 일부분에 지나지 않는가를 저절로 깨닫게 된다. 자만심을 버리고 자신을 낮추며 자연에 순응하겠다는 마음이야 말로 진정으로 큰 사람이다. 문득 "가도 가도 끝이 없는 정처 없는 나그넷길…."이란 노래가사가 떠오른다.

그렇다. 인생은 왔다가 가는 나그넷길이다. 교만함과 자만심은 자신을 파괴한다.

에베레스트를 최초로 오른 산악인 에드먼드 힐러리에게 물었다.
"어떻게 세계 최고봉을 정복할 수 있었나요?" 그가 대답했다.
"간단합니다. 한 발 한 발 걸어서 올라갔지요. 진정으로 바라는 사람은 이룰 때까지 합니다. 안 된다고 좌절하는 것이 아니라 방법을 달리합니다. 방법을 달리해도 안 될 때는 그 원인을 분석합니다. 분석해도 안 되면 연구합니다. 이쯤 되면 운명이 손을 들어주기 시작합니다."
이 얼마나 멋있는 대답인가!

대자연의 위력 앞에서는 개인의 왜소함과 인간의 나약함을 뼈저리게 느끼게 된다. 이런 느낌을 통해 각오를 새롭게 다지고, 큰 사람으로 거듭나기 위해 겸손을 배우고, 어차피 한번 살다 가는 인생 어떻게 하는 것이 행복한 삶인가를 고민한 끝에, 마음을 비우고 다시 도전하면 되는 것이다.

　나는 지금도 가던 길을 잠깐 멈추고 돌아가는 것이 행복한 삶이라고 생각하고 있고, 현재 모든 것이 진행 중에 있다. 항상 겸손한 마음으로 기본에 충실하고, 하고자 하는 일에 집중해서 한 발 한 발 옮기다 보면 우리 모두 정상에 갈 수 있을 것이다.

PART 4

행복한 성공을
마무리하라

긍정에너지로 행복해지자
포트폴리오를 재구성하자
100세 시대의 인생 제2막
행복한 성공의 필요조건, 재정적 자유
욕심 없는 목표설정
희망은 함께 만들어 가는 것이다
비우면 찬다
행복을 느끼기 위해서는 쉬어야 한다
다시 태어나다, 삶의 프레임을 바꾸다

"완성이란 무엇인가?
덧붙일 게 없는 상태가 아니라
더 떼어낼 것이 없는 경지를 말한다."
- *Antoine Marie Roger De Saint Exupery*

긍정에너지로 행복해지자　01

HAPPY END

　세상 모든 사람들에겐 행복한 삶을 누릴 권리가 있다. 이를 온전히 자기 것으로 만들기 위해 준비해야 할 사항들도 만만치 않다. 그중 가장 중요한 것은 역시 삶에 대한 긍정적 자세가 아닐까. 극명한 예를 하나 살펴보자.

　요즘 대한민국은 오디션 열풍에 휩싸였다. 어디서 왔을까 싶은 수만 명의 지원자들이 심사위원 앞에서 춤이면 춤, 연기면 연기, 노래면 노래, 온갖 재능을 절박한 심정으로 펼친다. 그 간절함을 서로 비교하는 것 자체가 무리겠지만 결국 최종 순위는 매겨지고 어떤 이는 감격의 눈물을, 어떤 이는 비운의 눈물을 흘린다. 그 모습들을 보고 있자니 대부분 지원자들과 비슷한 또래의 자식을 키우는 한 아버지로서 대견한 마음과 함께 안쓰러운 마음도 든다.

특히 요새 오디션 프로그램은 그들의 단편적 재능만 확인하지 않는다. 스토리텔링의 시대, 21세기에 사는 대중들은 드라마틱한 인생 이야기를 간직한 영웅을 원한다. 그들의 재능이 빛을 발하기까지의 인생 역정을 적절한 순간에 드러내어 무대의 감동을 몇 배로 만드는 것이 최근 오디션 프로그램의 추세이다. 힘겹게 최종무대에 오른 그 누구의 이야기, 어느 하나 감동적이지 않은 것이 없었지만 〈코리아 갓 탤런트〉에 출연한 '최성봉' 군의 이야기는 특별했다.

지금이야 CNN에 소개되고 유튜브 동영상을 통해 전 세계에 알려진 스타가 되었지만 TV에 비친 그의 첫 인상은 그저 수줍음 많은 앳된 청년이었다. 긴장한 표정과 어정쩡한 자세에 웃음이 나왔지만 "무얼 하고 있느냐?"는 심사위원의 질문에 "막노동입니다."라며 그가 담담히 밝히기 시작한 과거사는 가히 충격적이었다.

세 살 때 부모에게 버림을 받아 고아원으로 간 그는 다섯 살 때 학대를 견디지 못하고 차가운 세상으로 나왔다. 한창 부모의 사랑과 보호 속에 자라야 할 시기에 거리를 전전하며 노숙과 구걸을 하다가 껌팔이로 겨우 생활을 이어갔다.

그는 어떻게 노래와 만나게 되었을까. 십수 년 뒷골목과 막노동판을 전전하다가 그는 우연히 클럽에서 노래하는 성악가를 보게 되었다. 어수선한 분위기에도 아랑곳하지 않고 최선을 다하는 모습이 왠지 모를 큰 위로와 감동으로 다가왔다.

'아, 나도 저렇게 노래를 부르고 싶다.'

그 어떤 절망적 상황도 그의 꿈을 붙들지 못했다. 성악은커녕 대중가요 한 구절 배워본 적 없었지만 무조건 부딪혀보았다. 어렵게 들어간 대전예술고의 학비를 마련하기 위해 새벽까지 일을 하는 상황에서도 무료 강연은 빠짐없이 찾아다녔다. 개인 레슨은 엄두도 못 냈기에 그는 순전히 독학으로 노래를 익혔다.

짧은 고백이었지만 그 안에 담긴 엄청난 이야기에 이미 심사위원을 비롯한 방청객, 시청자들은 감동을 받고 있었다.
"저는 지금까지 너무 절망적으로 살았어요. 세상에 저 혼자 있다는 생각 속에 살았지만 노래는 그런 생각을 잊게 해 주었습니다. 성악은 한줄기 희망이었습니다. 그래서 그 고마운 노래를 부르고자 이 자리에 섰습니다."
드디어 반주가 시작되었다. 나 역시 그가 어떤 곡을 부를지 사뭇 기대가 되었다. 아름다운 반주가 흐르고 드디어 최성봉 군의 노래가 이어졌다.

"넬라 판타지아~"

10초도 지나지 않아 객석 여기저기에서 탄성이 터졌다. 생각도 못했던 청아한 음색과 함께 마음 저 깊은 곳에서부터 나오는 울림이 무대를 가득 채웠기 때문이다. 어린 나이에 그 누구보다 혹독한 삶을 살았지만 '저 환상 속에서 정직하고 평화롭게 살아가는 이상향'을 노래하는 '넬라 판타지아'를 부르는 청년의 표정은 감격으로 가득 차 있었다. 노래가 끝나기도 전엔 이미 많은 사람들이 눈물을 흘렸다. 나 역시 그 젊은 청년이 겪어야 했을 인생의 고난과 절망, 좌절이 안타까운 동시에 그를 소생시킨 꿈이 너무 고마워 눈물이 났다.

최성봉 군의 노래와 스토리는 삽시간에 전국, 전 세계로 퍼졌다. CNN은 유튜브에 올라온 그의 영상을 소개하며 최성봉 군이야말로 한국의 수잔 보일이라 극찬했다. 이를 접한 사람들의 마음에는 감동의 여운이 오래도록 남았다.

물론 최성봉 군은 그 프로그램에서 1등의 자리엔 오르지 못했지만 이미 1등을 넘어선 인생의 승리를 거두었다. 그 누구도 평생에 경험 못할 만큼 많은 세계 네티즌들의 응원 메시지를 받았고 재능을 맘껏 펼칠 수 있는 기회를 잡았기 때문이다. 과연 이 모든 것이 방송의 힘이었을까.

나는 그렇게 생각하지 않는다. 방송의 영향은 당연히 있지만 그 청년의 꿈을 향한 아름다운 도전이 없었다면 그러한 기회조차 없었을 것이다. 대중들이 받은 감동과 이를 통해 우리의 삶이 조금 더 행복해질 기회 역시 마찬가지다.

우리는 어두컴컴한 절망의 터널을 벗어나 희망이란 빛을 잡은 이들에게 긍정의 에너지를 느낀다. 최성봉 군은 그 누구보다 불행한 삶을 살았지만 절대 절망의 늪에 빠져만 있지 않았다. 노래라는 희망 향해 긍정적인 삶을 살기로 선택했다. 그 긍정의 에너지를 바탕으로 그는 결국 행복해졌다. 그의 용감한 선택과 찬란한 결과에 박수를 보내지 않는 이가 없었다.

행복도 준비된 자에게만 온다. 상황을 탓하기만 하며 절망만 하는 사람은 무슨 수를 쓰더라도 행복해지지 못한다. 행복을 위한 최대한의 준비, 긍정적 자세. 비단 최성봉 군만의 이야기가 아니다. 당신도 저 감동적인 드라마의 주인공이 될 수 있다. 아무리 힘들고 번번이 위기가 찾아와도 꿈을 놓지만 않는다면 행복은 당신을 맞을 준비를 한다. 이를 위해서는 매사 긍정적인 마인드로 사고를 하고 모든 행동 하나하나에 긍정적 에너지를 부여해야 한다.

절망의 순간은 누구에게나 찾아온다. 그러나 버티지 못하고 주저앉으면 더 이상 기회는 오지 않는다. '나에겐 이런 꿈이 있다. 이 꿈이 나를 이끌 것이다.'라는 마음을 가질 때, 자신도 모르는 사이 꿈이 스스로를 이끌어 가고 있다는 사실을 깨닫게 될 것이다. 이 긍정에너지로! 이 글을 읽는 당신이 마음껏 행복해지기를 바라 마지않는다.

02 포트폴리오를 재구성하자

HAPPY END

나는 사회생활 초기에는 몇 년 앞도 내다보지 못하는 아주 제한적인 범위 내에서 생활하는 경향이 있었다. 몇 년 후에 어떤 일이 일어날지는 상상하지 못했다. 상상하더라도 준비하고 실행하지 못했다. '어찌 되겠지.' 하며 그저 소처럼 앞만 보고 하루살이 인생을 살았다.

지금은 다르다. 이제는 10년, 20년, 또는 그 이상을 내다보면서 무엇을 선택해야 할지를 생각하기 때문이다.

어느 누구도 노후가 불행해지는 것을 원치 않는다. 그런데도 대부분의 사람들이 현실에 안주하려 한다. 직장에서 해고되지 않고 일하면서 틀에 박힌 삶을 영위하다가, 세월이 흘러 은퇴라는 피할 수 없는 상황에 놓이게 되면, 이후에 남은 40여 년을 타성에 젖어 살아가게 되는 것이다.

나는 어릴 적 가끔 아버지와 외갓집을 가거나 어딘가 멀리 갈 때,

자전거 뒤에 앉아 아버지와 같이 가곤 했다. 그때마다 아버지는 내게 "호야, 춥재?" 하시며 당신의 주머니에 손을 집어넣으라고 하셨다. 내가 아버지의 널찍한 등을 느끼며 아버지에 대한 한없는 듬직함을 느낀 것은, 그때가 처음이었다.

얼마나 우리를 사랑하셨을까? 얼마나 우리를 훌륭하게 키우기 위해 노력하셨을까? 한없는 부모로서의 책임감을 가졌으리라.

세월이 흘러 어느 날 뒤돌아보니, 아버지가 우리 곁을 떠난 그 나이에 내가 서 있는 것이었다. 순간 온몸에 전율이 느껴졌다.

그날 바로 나는 아버지의 묘소로 달려갔다. 그곳에서 한참 동안 나의 살아왔던 시간들을 되돌아보고, 가정적으로나 사회적으로나 또는 개인적으로 아쉬움은 없었는지 많은 생각을 했다.

대학졸업 후 배를 타고, 보험회사에 들어와 IMF를 거치면서 앞만 보고 달렸던 시간들. 선배, 후배, 동료들과 나의 과거, 현재, 미래가 주마등처럼 스쳐갔다.

나는 직감적으로 내 인생에 무언가 중대한 변화가 일어나고 있다는 것을 깨닫게 되었고, 그 후 나의 생활은 달라지기 시작했다.

그동안 고민했던 여러 부분들을 아내와 자식들과 의논했다. 우선 '그동안 나는 무엇을 성취해 왔는가? 무엇에 관심을 갖고 있는가?'에 대한 답부터 찾고자 했다. 어떤 사람에겐 이런 물음이 고민일 수 있지만, 어떤 사람에겐 인생역전의 기회가 될 수도 있다. 여태까지 일을 하느라 미뤄왔던 꿈에 대한 미련으로 후회할 것이 분명했기에, 다음과 같은 답을 내었다.

첫째, 탄탄한 건강을 기초로 나의 집을 짓자.
둘째, 나와 뜻이 맞는 사람들하고만 일을 하자.
'지금부터 내가 가진 시간은 한정된 것이다. 쉽지 않은 사람들을 설득해서 어떤 일을 만들어 내는 일은, 몇 갑절의 노력을 요구하는 일이다. 그래, 내 생각을 알고 뜻이 같은 사람부터 찾자. 성공할 경우 엄청난 차별화가 이루어질 만한 일을 하자.'
나는 그때 그렇게 결정했다. 그리고 지금 하나하나 실천해 나가기 위해 노력하고 있다.

가장 먼저 남은 삶의 방향 두 가지를 정했다. 하나는 '멋있는 할아버지'가 되는 것이고, 다른 하나는 '항상 맑고 밝은 깔끔한 사람'이 되는 것이다.
이를 실천하려면 여가시간을 지금보다 좀 더 가져야겠다는 생각이 들었다. 그래서 해운대에다 조그마한 세컨드 하우스를 마련했다. 잃어버린 건강도 회복하고 다른 사람들에게 공헌할 수 있도록, 국선도 수련도 열심히 하기로 했다.
또한 멋있는 할아버지가 되고 싶은 꿈을 실천하기 위해 한서대학원 선도학과에 입학했다. 맑고 밝고 깔끔하게 나이 들고 싶어 가화만사성과 수신을 실천하기 위한 것이었다.
그리고 마지막으로 사단법인 〈행복한 성공을 꿈꾸는 사람들의 모임〉을 결성해 나의 능력을 필요로 하는 사람들과 공유하고 싶었다.

나는 이런 부분들을 제2의 인생을 위한 포트폴리오 재구성의 핵심으로 삼았다. 그간 틈틈이 준비를 해왔기에 요즘 나는 다른 어느 때보다 여유로워졌고, 예전보다 더 사적이고 덜 조직적이 되었음을 느낀다.

지금은 매일 아침에 일어나자마자 조용히 명상을 즐기고, 선도대학원을 통해 인문학을 접하고, 국선도 수련으로 육체적·정신적 건강을 돌보며, 더 많은 시간을 가족들과 보내고 있다.

학교 다닐 때는 국·영·수 기초과목을 잘해야 원하는 성적을 얻어 좋은 대학에 갈 수 있었지만, 살아보니 행복한 성공자가 되기 위해서는 음악·미술·체육을 잘하는 것도 중요하다는 것을 깨달았다. 이러한 차원에서 모든 것을 종합적으로 이해하고 자신의 삶에 적용시켜, 균형과 조화를 이루는 마스터플랜을 짜는 것이 중요하다.

지금이라도 늦지 않았다. 준비하고 노력해서 하나하나 풀어 나가 보자. 행복한 성공의 준비에서 실천으로 옮기는 데 나는 20년이 걸렸다. 여러분은 얼마나 걸리겠는가? 나의 고민과 경험을 발판삼아 더 빨리 실천으로 옮겼으면 하는 바람이다.

03 100세 시대의 인생 제2막

현재 86세인 평균수명이 2050년에는 100세로 늘어난다고 한다.

나날이 평균수명은 증가하고 출산율은 떨어지고 있으며, 지금까지 지켜져 왔던 전통적 방식의 가족부양 네트워크가 붕괴될 가능성이 높아지고 있다.

100년이란 사람의 수명에 있어서는 거의 최고치다. 아무리 평균수명이 높아졌다 해도 100년을 산다는 것은 천 명 중 한 명 정도의 확률이다.

설사 한 사람쯤 있다 하더라도, 철이 없던 어린 시절과 늙어 정신이 혼미해진 상태가 거의 반을 차지할 것이다. 밤에 잠을 자며 활동하지 않는 시간과 낮에 깨어 있더라도 흐지부지 보내는 시간이, 또 그 반을 차지할 것이다. 앞만 보고 정신없이 성공을 향해 달려가는 시간이 그중 반이 될 것이고, 몸이 아프거나 슬프고 괴로워하고 걱정하는 시간이 또 그중 반을 차지할 것이다.

헤아려 보건데 100년을 산다 해도 스스로에게 만족하면서, 마음속에 조그마한 걱정도 하지 않을 때는 거의 없는 것 같다.

그렇다면 지금부터라도 우리는 남은 시간에 무엇을 하며, 무엇을 즐겨야 할까? 삶의 궁극적인 목적이 맛있는 것 먹고, 좋은 옷 입고, 아름답고 화려한 삶을 사는 것일까?

그렇지 않을 것이다. 스스로 좋아하는 것을 찾아내어 그것을 기쁘게 받아들이고, 사는 동안 돈과 명예의 노예가 되지 않도록 자기만의 스타일을 추구해야 한다.

사람은 10년이든 100년이든 살다가 죽는다. 대통령이나 성인도, 사장이나 샐러리맨도, 결국 죽어 한 줌의 흙으로 돌아가지 않는가. 가난도 좋지 않고, 너무 재산을 늘리는 것도 좋지 않다. 그저 삶을 즐기고 몸을 편안히 하면서, 하고 싶은 것을 할 수 있는 것이 행복한 성공이다.

미국의 시간관리 전문가인 마이클 포티노가 흥미로운 연구결과를 발표했다. 그에 따르면 사람의 평균수명을 70세라고 가정했을 때 수면시간은 1일 8시간 기준으로 23년, 일하는 시간은 21년, 식사시간은 6년, 줄서서 기다리는 시간은 5년, 집안일 하기는 4년, 신호등 기다리기는 6개월 등등, 모두 42년 2개월이란 시간을 헛되이 소비한다는 것이다.

그만큼 시간관리가 중요하며 시간을 어떻게 관리하느냐에 따라 삶의 질이 달라질 수 있다는 의미다.

은퇴설계를 할 때도 마찬가지다. 앞으로의 시간을 어떻게 관리하느냐에 따라, 뜻 깊은 황금기가 될 수도 있고 그저 할 일 없이 시간만 보내는 노후가 될 수도 있다. 그러므로 행복한 은퇴를 하고 싶다면 마스터플랜을 잘 짜야 한다.

고객들을 상대로 은퇴 후의 플랜에 대한 얘기를 나누다 보면 자주 듣게 되는 말이 있다.

"은퇴는 먼 훗날의 얘기라고만 생각했는데 어느덧 이 나이가 됐더 군요. 이제 숨 좀 돌려볼까 싶었는데 벌써 은퇴를 목전에 두고 있다 니…. 내심 정말 열심히 살았다고 자부해 왔는데, 막상 저 자신을 위한 준비는 너무 소홀했던 것 같아 후회스럽습니다."

우리나라에서 사실상 은퇴기에 접어든 사람들은, 개발경제 신화를 이루며 누구보다도 치열하게 살아온 세대다. 하지만 정작 자신의 노후를 위한 준비에는 미흡했다는 게 이들의 공통된 탄식이다. 이들이 살아온 과정을 살펴보면 이런 탄식에 충분히 수긍이 간다.

노부모에 대한 부양과 자녀양육의 책임을 모두 부담하면서도, 자신의 노후는 자녀들에게 위탁할 수 없는 상황이다. 부양책임만 지고 자신들의 노후는 스스로 해결해야 하는 처지가 된 것이다.

더욱이 이미 50대에 접어든 사람들은 현실적으로 마음이 급해질 수밖에 없다. 마음의 준비도, 변변한 노후자금 준비도 못한 경우가 많아, 조만간 현실로 다가올 은퇴가 무거운 압박으로 다가온다.

준비가 미흡한 건 이해가 간다. 그렇다고 손을 놓고 있을 수는 없다. 50대의 은퇴설계는 지금 바로 시작해야 한다. 준비할 시간이 많지 않다. 만약 전혀 준비가 되어 있지 않은 사람이라면, 앞으로는 은퇴설계가 가장 중요한 목표가 돼야 하며 이 분야에 말 그대로 올인해야 한다.

은퇴까지 남은 기간을 노후자금 확보에 집중해야 하고, 그뿐 아니라 건강과 가정에도 집중해야 한다. 더불어 노후에 대한 부담을 줄일 수 있도록 별도의 대안을 찾는 노력도 병행해야 한다.

체계적으로 노후를 대비하기 위해서는 은퇴 이후의 예상 노후생활비를 따져보고, 그에 맞춰 저축목표를 세우는 방법이 효과적이다.

실제로 이렇게 노후생활비 부족액을 예측하고 그에 따른 저축 목표액을 추정하다 보면, 노후대비가 얼마나 중요한지를 새삼 인식하게 된다. 노후에 어떤 모습으로 살게 될지 구체적으로 예상하고, 체계적으로 목표를 세울 계기가 마련되는 셈이다.

노후의 목적자금을 굴릴 때에도 차별화된 전략이 필요하다. 40대까지는 발 빠른 대응과 공격적인 투자에 비중을 두었다면, 50대 이상에서는 보다 긴 호흡으로 안정적인 운용에 중점을 두는 것이 바람직하다.

또한 노후의 부동산 투자와 관련해서는 투자자금이 계속 묶여 있는 토지보다는, 노후생활비 조달이 가능한 수익성 부동산을 우선적으로 살피는 것이 효과적이다.

나이가 많아질수록 부동산 비중은 줄이고 금융자산 비중을 늘려가는 것이 바람직함을 기억하고, 항상 부동산 비중이 과하지 않은지 주의할 필요도 있다.

은퇴설계에 있어서 자산운용 등의 재테크 못지않게 중요한 것은, 은퇴시기를 늦추기 위한 노력이다. 이는 단순히 직장인이 정년을 늦춘다는 것과는 다른 개념이다. 보다 정확하게 표현하면 노후에도 경제활동을 지속하는 것이다.

회사에는 정년이 있지만 경제활동에는 정년이 따로 정해져 있지 않다. 퇴사나 공식적 은퇴 이후에도, 또 다른 방식의 경제활동을 이어갈 수 있다. 노후기간은 갈수록 길어지고 있고 노후자금은 한정돼 있기 때문에, 은퇴시기를 늦춰 그만큼 노후기간을 줄이는 데서 해결책을 찾는 발상이다.

그러나 은퇴시기를 늦추는 데에는 사전에 많은 준비가 필요하다.

주변을 살펴보면 은퇴 후의 두 번째 경제활동을 염두에 두고 준비한 사람과, 그렇지 못한 사람의 차이가 매우 큼을 알 수 있다. 아무래도 미리미리 준비한 사람일수록 보다 양질의 선택의 기회를 얻게 되는 것이다.

최근에는 이런 인식이 널리 퍼지면서 현직에 있을 때 전문성을 살려 제2기 경제활동을 준비한다든가, 은퇴를 대비해 새로운 기능을 배워두려는 사람들이 계속 늘어나는 추세다.

"평생직장은 어렵더라도 평생직업은 가능하다."는 말처럼 은퇴 이후를 위한 노후자금 확보와, 제2기 경제활동을 위한 자기계발 역시 행복한 은퇴설계에서 빼놓을 수 없는 항목이다.

행복한 미래를 대비하기 위해서는 현재의 희생이 절대적으로 필요하다. 자연재앙뿐 아니라 준비 없는 노후는 더 큰 재앙이 될 수 있기 때문이다.

또한 올바른 목적지를 선택해야 한다. 목적지도 정하지 못한 사람이 어떻게 그곳에 갈 방법을 생각해 낼 수 있겠는가? 마음으로 확실하게 선택하고 그 선택을 행동으로 옮기기 전에는 어떤 변화도 기대할 수 없다.

따라서 우리 모두는 이러한 사실을 명심하여 각자에게 맞는 계획을 짜고 미리 준비하고 용기 있게 행동으로 옮겨야, 100세 시대의 인생 제2막에서도 행복한 성공을 거둘 수 있다.

04 행복한 성공의 필요조건, 재정적 자유

최근 보험사들을 비롯하여 모든 금융권에서 은퇴, 인생설계 등의 전반적인 재무 설계서비스가 확대되고 있다. 사회 전반에 걸쳐 그 필요성이 확대되고 있다는 사실은 매우 고무적이다.

인생을 행복하게 잘살았다는 의미는 무엇인가? 대부분의 사람들이 사는 내내 일정 수준의 삶의 질이 유지되기를 바란다. 소득이 없거나 적어지는 시기를 대비하여 소득이 왕성한 시기에 많이 벌어 저축을 함으로써, 인생 전반에 걸쳐 일정한 수준의 소비를 유지함과 동시에 삶의 질이 유지되길 바라는 것이다.

이와 더불어 적절한 품위를 누리며 품격 있는 생활을 하게 되기를 희망한다. 즉 사회적, 경제적, 정신적, 육체적으로 안정되기를 바라는 것이다. 그러기 위해서는 반드시 사전에 고려해야 할 사항이 있다.

행복한 성공의 필요조건이자 핵심은 '필요할 때 필요한 만큼의 자금을 쓸 수 있는 재정적 자유'다.

자본주의 사회에서 큰 규모의 재산은 필요 없을지 몰라도, 자신의 행복을 지키고 유지하기 위한 기본적인 재정적 자유는 대단히 중요하다. 또한 자신의 취미, 대인관계 등 품위 있는 생활유지를 위해 꼭 실현해야 할 과제 중 하나다. 따라서 현재의 재정적 수준을 파악하고 향후 재산관리에 관심을 가져야 한다.

우리나라 고령자의 대부분은 은퇴 전에, 자녀교육비나 결혼자금 지출에 대비한 충분한 경제적 준비를 하지 못한다. 이는 당사자의 관심부족 탓도 있지만, 그런 서비스를 가까이에서 접하기 힘든 때문이기도 하다. 하지만 지금부터는 정신을 바짝 차려야 한다.

전후세대인 우리들이 성장할 때는 부모님을 장남이 모시는 것이 당연한 일이었지만, 최근에는 10~20대 전후의 자녀를 둔 부모 중 "너를 키우기 위해 이렇게 고생했으니, 내가 힘이 없고 능력이 없을 때는 반드시 네가 나를 책임져야 한다."며 큰소리칠 수 있는 사람이 몇이나 되겠는가? 내 자식은 그렇다 치더라도 자식의 배우자들 반응은 또 어떨까?

현재도 부모 부양을 꺼리는 판에 우리들이 나이 들어가는 시점인 20~30년 후가 되면, 부모와 함께 살아야 된다는 개념이 있기나 하겠는가. 더욱이 갈수록 글로벌해지는 세계에서, 다양한 국가 출신들과의 결혼비율도 높아질 것은 불 보듯 뻔하다.

그때 가서 후회하지 말고, 지금이라도 은퇴 이후의 충분한 재정 관

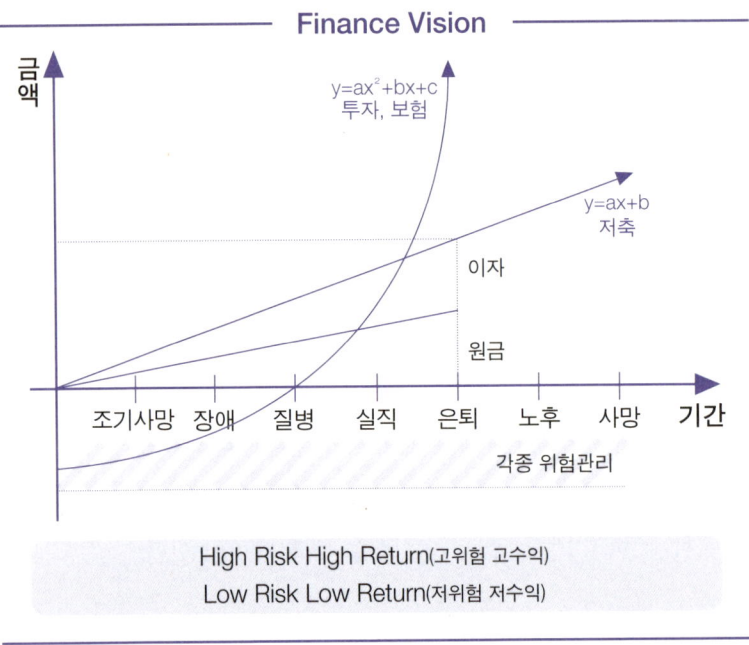

리의 필요성을 이해해야 한다. 부부의 행복한 노후를 위한 경제적 준비는 빠르면 빠를수록 그만큼 큰 효과를 낼 수 있으므로, 여러 가지 복합적인 문제를 통합적으로 고민하여 실행에 옮겨야 한다.

우리 모두는 살아가는 데 돈이 필요하다. 가장이 건강할 때는 자녀 교육비, 생활비, 부부의 노후자금, 주택자금 등을 책임지겠지만, 만에 하나 가장이 사망하거나 다치거나 질병에 걸리게 되면 남은 가족들이 품위를 잃지 않고 살아가는 데도 돈이 필요하다.

필요한 돈의 규모도 생각 외로 큰 편인데, 보통사람들로서는 이런 큰돈을 모으기가 힘들다.

누구나 저축을 한다. 그러나 저축을 해서 큰돈을 마련하려면 오랜 시간과 노력이 필요하다. 세월은 우리를 기다려 주지 않는다. 언젠가 한 번은 우리 모두 세상을 떠나게 돼 있다. 그것이 내게 좀 빨리 오느냐 좀 늦게 오느냐의 차이일 뿐. 그 기간 동안 사람들은 행복하게 인간답게 건강하게 잘살기를 희망한다. 그러려면 준비를 해야 한다.

이외에도 목돈을 모으는 방법에는 부동산이나 주식투자, 예금, 보험 등의 다양한 방법이 있다.

요즘에는 40, 50대의 나이에 일선에서 물러나 금융기관에 돈을 예치해 놓고, 매달 일정 금액을 생활비로 뽑아 쓸 수 있는 여력을 가진 사람이 거의 없다.

그렇지 않아도 힘들고 고달픈 세상에서 돈 문제로 휘둘리지 않고 행복한 노후를 보내고 싶다면, 필요할 때 필요한 만큼의 돈을 쓸 수 있는 자금력 확보가 중요하다.

우선은 가장으로서의 책임을 고민해야 한다. 자녀교육, 결혼자금, 주택자금, 생활자금, 여유자금, 노후자금…. 이런 자금들을 마련하기 위한 위험설계, 투자, 세금, 상속, 부동산, 은퇴설계 등의 살아가는 데 필요한 모든 분야의 장기적이고 종합적인 재무 설계도면을 가지고 있어야 한다.

모든 분야에 대한 체계적인 준비란 쉽지 않은 일이어서, 조금이라도 일찍 시작해야 한다. 일찍 시작하면 일찍 목적지에 도달할 수 있고, 전 분야에 걸쳐 적절한 조화와 균형을 이룰 확률이 높아진다.

무엇이든지 하루아침에 이루어지는 것은 없다. 진정한 재정적 자유를 누리는 사람들은 대부분 일확천금이나 대박을 터뜨리는 사람들보다, 티끌 모아 태산이라고 오랜 세월 근검절약하는 생활이 습관화된 사람들이다.

계획하고 준비하여, 작지만 소중한 자신의 재산을 꾸준히 절약하고 저축하는 습관을 들이는 것이 중요하다. 주차비를 아끼는 사람은 절약정신이 투철한 사람이고, 고가품을 깎는 사람은 째째한 사람이라고 생각하면 착각이다. 행복한 성공을 누리는 지혜로운 부자들은 수백 억을 가졌음에도 100원짜리 하나도 소중히 여긴다.

콩나물 값을 깎을 때의 100원이나 10만 원짜리 물건을 살 때 깎는 100원이나 똑같은 100원이다. 이런 사소한 차이가 엄청난 결과의 차이로 나타난다.

자신이 고생해서 모은 돈은 함부로 낭비할 수가 없다. 정상적인 방법으로 고생해서 번 돈이라면, 그 고생과정이 생각나 선뜻 지갑으로 손이 안 가는 것이 사람이다.

진정한 행복은 누군가와의 경쟁을 통해서 자신의 가치를 평가받는 것이 아니다. 스스로의 가치를 창조하고 실현하는 것이다. 이렇게 하기 위해서 절대적으로 필요한 것이 재정적 자유의 실현이다. 그래야 시간적 자유를 누릴 수 있고, 시간으로부터 자유로워져야 충분히 성숙할 수 있다.

개인이 안고 있는 고질병들은 단지 제도나 시스템을 비판하는 것만으로는 절대 해결될 수 없다. 그러므로 인생 제2막의 재정적 마스터플랜을 짜고 실천하고 재검토하는 과정을, 조금이라도 젊음과 열정이 남아 있을 때 미리미리 준비해야 한다. 돈 문제로 노후생활이 뒤틀려지면 정말 괴롭기 때문이다.

05 욕심 없는 목표 설정

HAPPY END

가진 자가 가진 것을 느끼지 못하는 것도 큰 병이다.

내가 대학을 졸업하고 3등 항해사로 첫 승선을 했더니, 월급이 100만 원 가까이 되었다. 그 당시 초임교사 월급이 30만 원 정도였으니 꽤 많은 돈이었다. 그러다가 배에서 내린 후 첫 직장에서의 대졸초임이 45만 원이었다.

은행 정기예금 금리가 10%에 15%까지 왔다 갔다 했을 때여서, 항상 아내에게 5천만 원 목돈을 마련하면 나는 은퇴하고 싶다고 농담처럼 얘기한 적이 있었다. 그런 꿈을 갖고 3년짜리, 5년짜리 재형저축을 열심히 불입했다. 그런데 그 꿈이 이루어졌을 때 금리는 다운되었고, 집값과 물가가 올라 그 자금으로는 은퇴생활을 할 수 없게 돼버렸다. 어쩔 수 없이 다시 목표를 1억 원으로 상향조정했다. 40세까지만 열심히 가족을 위해 일하고, 나머지는 나를 위해 살겠다고 다짐했다. 그렇게 또 열심히 저축을 했다.

40세가 되어 보니 대한민국 상황이 너무 많이 변해 있었다.

90년대 초 집의 개념에도 없던 아파트가 대세를 이루었고, 과외와 해외유학 열풍으로 자녀교육 바람이 불었다. 벤처기업이다 부동산이다 해서 투자열풍이 불어 닥쳤다.

그때 내가 가진 재산은 과거에 비해 엄청 늘어난 것임에도 불구하고, 나는 스스로 부유하다고 느끼지 못했다. 그리하여 또다시 45세로 은퇴기한을 재설정해야 했다.

다람쥐처럼 열심히 앞만 보고 뛰었다. 하지만 시대의 급변과 그에 따른 재설정이 반복되는 상황은 벗어날 수 없는 것이었다. 이러다 죽겠지 싶었다.

결국 50세에 모든 물질적 욕심과 세속적 성공의 틀을 벗어나기로 결심했다.

이후부터 삶의 방식을 완전히 바꾼 생활을 하게 된 것이다. 나만 이랬을까? 왜 우리는 이런 바보 같은 삶을 계속 되풀이하는 걸까? 도대체 얼마나 더 벌면 만족하겠는가?

있는 사람이 더하다는 말이 있다. 대다수의 사람들은 자신의 상황을 평가할 때 자신보다 더 높은 수준과 비교하게 된다. 이런 경우 상위레벨로 올라갈수록 그 차이가 훨씬 크게 나게 되면서 자신이 상대적으로 부유하지 못하다고 느끼게 되는 것이다.

오히려 가진 것 없고 어렵게 살았던 시절에는 불안감을 느끼지 않았다.

내가 살아온 어린 시절만 해도 그랬다. 그러나 최근에는 생활이 고만고만해지면서, 약간의 차이만 나도 눈에 불을 켠다. 이 때문에 비교적 물질적으로 풍요롭게 살아가는 요즘 사람들이, 종종 우울증에 빠지거나 삶에 불안을 느끼는 경우가 많다. 다들 과거에 비하면 가질 만큼 가지고 있는데도 불안을 느낀다.

진정한 부는 많은 것을 소유하는 것과는 별로 상관이 없다. 부는 욕구에 따라 달라지는 상대적인 것이기 때문이다. 욕심의 크기가 클수록 한도 끝도 없다. 차지하거나 얻을 수 없는 것을 가지려고 할 때 우리는 불안해진다.

지금 가진 것에 만족한다면 실제로 가진 것이 적더라도 마음으로는 넉넉해질 수 있다. 적은 것을 바란다면 적은 것으로도 행복해질 수 있다. 그러나 남들이 가진 것을 다 가지려고 하면, 우리네 인생은 점점 비참해져 갈 것이다.

'카르페 디엠Carpe diem'이란 말이 있다.

카르페 디엠은 호라티우스의 라틴어 시구 중 "현재를 즐겨라, 가급적 내일이란 말은 최소한만 믿어라."에서 나온 말이다. 즉 미래는 알 수 없는 것이며 지금 살고 있는 현재 이 순간에 충실해야 한다는 의미다.

영화 〈죽은 시인의 사회〉에서 키팅 선생님이 학생들에게 이 말을 외치면서 더욱 유명해졌는데, 오로지 좋은 대학과 좋은 직장을 가기 위해 현재의 삶을 희생하는 것은 의미가 없음을 일깨워 주고 있다.

우리의 삶도 마찬가지다. 내일의 행복만을 위해 오늘의 행복을 포기하는 것은 어리석은 짓이다. 사람의 욕심에는 끝이 없기 때문이다. 목표로 한 성공을 이루어도 그에 만족하지 못하고, 그보다 더 큰 성공을 이루기 위해 자신이 지금 누려야 할 행복조차 잃어버린다.

세상사의 번거로움에서 벗어나 보자. 소박하고 순진함을 되찾아 나 스스로를 지켜야겠다는 생활을 음미해 보는 것이다.

자연을 접하고 특별히 집착함이 없는, 멋있어 보이려고 애쓰는 것이 없는 삶. 이러한 생활이 행복한 성공의 첫 출발이 아닐까 한다.

사람들은 저마다 타고난 그릇이 있다고 하지 않는가. 자신의 그릇만큼만 차지, 그 그릇이 차면 넘친다. 자신의 분수와 처지를 알고 만족하면 그것이 진정한 행복이다.

'행복=성취/욕망'이다. 사회적 성취를 많이 하든지, 아니면 욕망을 조금만 줄여도 우리 모두 행복한 성공을 할 수 있다.

06 희망은 함께 만들어 가는 것이다

HAPPY END

봄날의 희망을 잃지 말자.

나는 젊었을 때 꿈이 있었다. 꿈이 있었기에 열심히 살려는 마음가짐이 있었다. 지금 나는 어느덧 60을 바라보는 상황에서도 꿈이 아직 살아 움직이고 있다.

매번 올해가 지난해보다 더 어려울 것이라고들 한다. IMF를 이겨 내며 우리는 알았다. 월드컵 4강 신화와 2008년 세계경제위기를 겪으면서 우리는 느꼈다. 희망은 기다리는 것이 아니라 함께 만들어 가는 것이라는 것을.

엄동설한의 차디찬 얼음장 밑에서도 고기는 헤엄치고 있다. 아무리 폭풍우가 몰아쳐도 한 고비 지나면 태양은 다시 뜨고 순항의 내일이 다가오듯, 우리네 인생도 리듬을 탄다. 인생의 낮과 밤은 항상 교대로 왔다 갔다 한다. 해가 지면 달이 뜨고 낮이 가면 밤이 온다.

성공도 실패도 우연이 아니다. 성공하는 사람은 성공에 이르는 무언가를 지금 이 순간도 하고 있는 사람이고, 실패하는 사람은 그 일을 하는 데 실패한 사람이다.

현재의 능력도 중요하지만 미리미리 제대로 된 브랜드, 시스템, 스킬, 지식 등을 배우고 익혀두어 몇 년 후 부가가치가 높은 인재가 되길 기대한다. 가끔씩 믿을 수 없는 실적을 이뤄내거나, 반짝이고 순간적인 재능이 많은 사람들을 보게 된다.

그러나 절대 현혹되지 마라. 한 우물을 파는 노력파는 결실은 더디지만 훨씬 크게 빛난다.

어려울수록 서로서로 뭉쳐야 한다. 훌륭한 생각을 하는 사람은 많지만 행동으로 즉각 옮기는 사람은 드물다. 그러나 행복한 성공을 한 사람은 포기하지 않고 무언가를 할 때마다 그 경험에서 배우고, 다음에 더 잘할 방법을 찾는다.

누구든 실수를 할 수 있다, 또한 실패도 할 수 있다. 하지만 같은 실수나 실패를 반복하는 것은 스스로의 자존심 문제다. 두 번 다시 같은 실수를 반복하지 않기 위하여 최선을 다해야 한다. 피땀 흘려 얻은 것만이 평생 내 것이 된다. 그것이 세상을 사는 이치다.

큰 능력은 없어도 거짓말하지 않고, 언행일치하고, 솔선수범하며, 끝까지 최선을 다하고, 마음을 단단히 다지면서 멋진 인생 한 게임 즐겨보자. 그래서 이왕이면 잘되어서 성취감도 가져보자.

이런 생각이 조금이라도 있다면 깡다구가 있어야 한다. 죽는 한이 있더라도 이겨내겠다는 정신력과 사력을 다하는 자세를 통해, 그 후 고통을 이겨낸 성취감이나 자신감이 우리를 강하게 만든다.

아무리 구간 구간의 기록이 좋고 훌륭한 주법을 구사해도, 결승점에 골인하지 못하면 아무 소용이 없다. 인생에서 가장 중요한 것은 절망하지 말고 행복한 성공의 조건을 갖추는 그날까지 끝까지 가는 것이다.

07 비우면 찬다

HAPPY END

지난날의 삶은 세속적 욕심과 그 욕망을 채우기 위해 앞만 보고 달려온 삶이었다.

그러나 지금부터의 삶은 평범하지만 평화롭고 여유로운 삶, 즐거운 삶을 살고자 하는 꿈과 바람이 있기에, 삶의 방법과 삶의 질을 달리하고자 한다.

나는 젊었을 때 생활고와 영업일에 시간을 빼앗겨 정신없이 바쁘게만 살았다.

마흔이 지나면서는 인생의 허무함을 생각할 때가 많아졌고, 그저 이렇게 살아야 하나 하는 생각에 답답할 때도 많아졌다. '보다 진정한 삶이 있을 텐데, 그것이 무엇일까?' 늘 마음속에 품고 있었더니, 하늘의 뜻이었는지 나에게도 새로운 삶의 인연이 다가왔다.

서울에서 근무할 수 있겠느냐는 회사의 제안이었다. 부산에 사는 나로서는 다소 불편한 점도 있겠지만, 보장된 월급쟁이로서의 삶을 살 것인가 아니면 내 신념과 나만의 방식대로 자유롭게 살 것인가의 두 갈래 길에서 한동안 망설여야 했다.

30대와 40대를 살아오면서 나는 사회적 지위와 부의 힘을 믿었던 적이 있었다. 그리고 이것이 내 인생의 비전이 되기도 했었다.
그러나 마음 한구석에는 항상 하고 싶은 일과 현실에 대한 갈등이 있었다. 내가 원하는 것은 돈도 명예도 아니었다. 건강하고 마음 편한 행복한 성공자의 길을 가고 싶었다.
'그래, 어느 한곳에만 집중하자. 이경호만이 할 수 있는 일을 하자.'
나와 내 아내는 후자를 선택했다. 그래서 미련 없이 현재까지 쥐고 있던 것을 놓아버렸다. 현실의 부와 명예에 대한 집착을 놓고 나니 마음이 한결 가벼워지고 편안해졌다. 물론 모든 상황에 대한 분석을 하고 준비를 한 후였다.

그 후부터 나는 그동안 시간이 없어 하고 싶어도 하지 못했던 여러 가지 일들을 지금 시도하고 있는 중이다. 쉽지 않은 어학연수, 골프 꿈나무들과의 꿈같은 골프 텔에서의 연수, 필리핀 신학대학 내에서의 생활, 오대산 월정사 단기출가, 대학원 선도학과 입학, 색소폰 입문, 국선도 대학에서의 심화수련, 버킷 리스트에 들어 있는 '나만의 책 쓰기' 등 짧은 시간이었지만 알차게 보냈고, 지금은 정말 하고 싶은 것을 하고 있으니 이렇게 행복할 수가 없다.

돌이켜 생각하니 그때 그런 결정을 하게 해준 많은 분들께 감사하고 싶다. 나에겐 크나큰 복이 아닐 수 없었다.

새로운 자신으로 거듭나기 위해서는 자신의 삶을 뒤돌아 보고 철저한 자기부정과 자기비판 없이는 불가능하다.

우리가 사는 세상의 모든 공간이 텅 비어 있는 것같이 보이지만 사실은 세상의 에너지로 꽉 차 있듯이, 우선 마음을 비워야 한다. 어디든 욕망이 크면 어떤 기회가 주어져도 그 욕망만 키울 뿐이다. 그러려면 철저한 자기 자신에 대한 부정이 따라야 한다.

단호하고 과감하게 놓아야 하는데 끝내 결정하지 못하고 끌려 다니는 사람들이 있다. 내려놓으면 가벼워진다. 몸도 마음도 영혼도. 그런데 그게 참 쉽지 않다.

나 역시 그랬다. 그러나 이젠 더 이상 끌려 다니지 않는다. 이 정도만 해도 감사할 일이 아닌가?

현재 우리들의 모습은 경쟁사회에서 밀려나지 않으려고 액셀러레이터를 너무 밟아, 기름이 다 떨어진 상태라 할 수 있다. 사람의 에너지는 샘물과 같아서 바가지로 바닥을 바득바득 긁어서 바닥을 드러내면 에너지 회복이 어렵다. 샘물은 마르지 않을 만큼 어느 정도 남겨놔야 계속 샘솟게 된다.

지금부터라도 '무엇을 할 것인가'보다 '무엇을 하지 않을 것인가', '무엇을 가질 것인가'보다 '무엇을 버릴 것인가'에 초점을 두고 살아가야 한다.

08 행복을 느끼기 위해서는 쉬어야 한다

HAPPY END

현대인들은 세 가지 본능적 욕구에 강한 영향을 받고 있다고 한다.
'자신의 안전을 보장받으려는 욕구' '남에게 인정받고 싶어 하는 욕구' '다른 사람을 지배하거나 컨트롤하려는 욕구'가 그것이다.

이중 가장 기본적인 욕구는 '안전에 대한 욕구'다. 대부분의 사람들이 자신의 생명과 재산, 지위, 명예 등을 잃게 될까봐 노심초사하며 산다. 자신의 능력으로 이것들을 지킬 수 없게 될 때에는 더 쉽게 두려움에 빠지게 되고 절망하게 된다. 이런 사람들에게 꿈과 희망을 심어주어야 진정한 리더라 할 수 있다.

'남에게 인정받고 싶어 하는 욕구' 역시 사람이라면 누구나 갖고 있는 욕구다. 칭찬은 고래도 춤추게 하듯이 남이 알아주면 기분이 좋아지는 것이다.

사람들은 이 안전에 대한 욕구와 인정받고 싶은 욕구를 만족시키기 위해, 스스로를 가두고 산다. 자신이 지금껏 쌓아놓은 것을 잃지 않으려고 싫어도 계속 미소 짓는 것이며, 남에게 더 큰 인정을 받기 위해 더 성실하게 일한다.

그러면서도 한편으로는 '다른 사람을 지배하고 싶어 하는 욕구'를 갖고 있다. 사사건건 부정적인 생각을 하는 사람보다는 매사에 긍정적인 사람에게 더 호감을 느끼는 것이다.

이러한 기본적인 욕구들 외에 하나가 더 있다. '인간답게 살고 싶다는 욕구'다.

인생을 살면서 우리를 가장 인간답게 만들어 준 욕구에 대하여, 단 몇 초라도 가던 길을 멈추고 생각해 본 적이 있는가? 온갖 걱정으로부터 해방되고, 자신이 하고 싶은 것을 하며, 꿈에 그리던 삶을 살게 되는 것이 얼마나 근사한지, 한 번이라도 생각해 본 적이 있는가?

만약 있다면 그건 나약해서가 아니다. 결코 도피심리가 있어서도 아니다. 그것은 나에게 뭔가 소중한 것이 있다는 것을 일깨우는 신호다. 인생에서의 치열한 경쟁에서 살아남기 위해 싸우는 일보다, 훨씬 더 멋지고 아름다운 일이 있다는 것을 상기시켜 주는 신호이다.

생각 이상으로 이런 반응들이 꽤 많다. 버려야 채워진다. 버리고 또 채워야 삶의 새로운 열정도 생긴다. 과감히 그런 결정을 할 수 있는 용기, 그런 용기는 준비가 없으면 불가능한 것이다.

일을 하다 힘이 들면 쉬듯이, 인생을 살면서도 잠시 가던 길을 멈추고 자신을 돌아보며 느낄 줄 알아야 한다. 머리로만 행복을 느끼려

하지 말고 하던 일을 멈추고, 가던 길을 멈추어서, 자신의 숨결을 느끼면서 가만히 쉬어보자.

모든 생각일랑 떨쳐버리고 말 그대로 아무것도 하지 말자. 남을 위한 생각도 하지 말자. 내 인생은 나의 것이고 나의 길이다. 지금 여기서 행복하지 못하면, 지금 이 순간의 마음이 불편하면, 나는 영영 행복하지 못한 것이다. 미래에 대한 고민도 현실에 대한 두려움도 다 버려두고 지금 이 순간만큼은 편안히 쉬자.

내가 가지고 있지 않은 것은 남에게 줄 수 없다. 내가 돈이 없는데 누구에게 돈을 줄 수 있겠는가. 내가 행복하지 못하면 남을 행복하게 해줄 수 없고, 내가 마음이 불편하면 다른 사람의 마음을 편안하게 해줄 수 없다.

사람이 일생 동안 마음 편히 살았던 시간이 얼마나 되겠는가. 유감스럽게도 그다지 많지 않을 것이다. 그러니 이제부터라도 후회하는 삶은 살지 말자.

나 역시 그동안 정말로 마음 편히 쉬어본 적은 없었던 것 같다.

학창시절엔 방학이 있었고, 승선기간 중에는 연가라는 휴가가 있었지만, 25년의 사회생활 동안에는 매일 매일이 바빴다. 그렇지만 나는 행운아임에 틀림없었다. 적절한 시기에 내 인생의 전환점이 된 1년 6개월여의 꿈같은 휴식기가 찾아온 것이었다. 그것도 내 인생의 황금기인 50세를 넘기면서.

나는 그 시간을 공부하고 운동하고, 하고 싶었던 것 하고 하기 싫었던 것 안 하면서 그렇게 보냈다. 어린 시절 엄마 품에 안겨 천진난만하게 미소 짓던 그 시절로 돌아간 것이다. 재물도 명예도 권력도 필요 없다.

그 후 주위 사람들이 나를 보고 참 편안해 보인다고 할 정도로 몸과 마음을 활짝 열고, 남은 생을 바라보게 되었다.

'내 인생'이라는 한 편의 드라마에서 나의 역할은 바로 '주인공'이다. 내가 이 드라마에서 주인공 역할을 제대로 못하면, 내 인생은 실패한 드라마가 되고 만다.

말로만이 아닌 실제로도 자유로우면서, 동시에 그 자유를 느끼는 사람이 바로 행복한 성공자다.

지금부터라도 나만의 시간과 공간을 갖고, 나만의 내공을 쌓고, 푹 쉬어가면서 삶을 느끼고 즐겨보자. 이렇게 하면 일도 더 효율적으로 할 수 있다.

09 다시 태어나다, 삶의 프레임을 바꾸다

HAPPY END

    2012년 웅진그룹 부도소식은 쇼킹한 사건이었다. 웅진은 윤석금 회장의 샐러리맨 신화로 유명한 곳이다.

    그는 브리태니커 백과사전 판매원으로 시작했다. 그 후 정수기 사업을 필두로 식품, 학습교재 등으로 일약 성공해 그룹으로 성장시켰다. 그러다 2007년 리먼 사태 직전, 극동건설과 3개의 저축은행을 인수하고 태양광 사업진출 등으로 사업을 다각화했다. 그 결과 재계 31대 그룹으로 성장하게 됐다.

    그러나 이는 외형성장에 불과했다. 자기자본 비축분이 아닌 빚 경영, 그리고 핵심 사업을 벗어난 다각화로 몰락을 재촉한 것이다.

    이번 일을 계기로 기업뿐 아니라 개인의 삶도 자꾸만 큰돈을 벌어야 한다는 유혹에서 벗어나, 무엇이 진정한 행복한 성공인지를 생각해 봐야 한다.

그동안 나는 근심, 불안, 불만족, 조바심 등으로 점철된 인생을 살아왔다. 혼자서 늘 벅차했다. 처자식을 먹여 살려야 했으며 사회적으로도 인정받고 싶었다.

내게는 여유, 평안, 기쁨, 쉼과 같은 것이 없었다. 머릿속은 항상 복잡했고, 사람들에게 실망도 많이 하고 배신도 많이 당했다. 그러다 보니 보험영업 동료들에 대한 신뢰도가 많이 떨어진 상태였다.

나는 모든 것을 다 내려놓고 월정사로 단기출가를 결심했다.

나를 아는 모든 사람들은 이 소식을 듣고 놀라워했다. '천하의 이경호가 출가를 한다고?' 1년에 한두 번 절에 가서 법당 안을 빠끔히 쳐다보고 오는 것이 전부였던 내가 머리를 삭발하고 행자복을 입는다 하니 믿기지 않을 만도 했다.

남들보다 먼저 승진하고 싶은 열망으로 연전연승하며 특진하던 경력, 보험영업조직 문화에서 돋보이기 위해 죽을힘을 다해 얻어내었던 결과, 보험영업실적을 위해서 무조건 앞으로만 달려가던 모습….

하지만 원하던 바를 얻고 나도 매번 나 자신에 대한 회의가 뒤따랐다. '이렇게 사는 것이 진정 내가 원하는 삶인가? 건수, 마감, 보험료, 리쿠르트 등이 내 인생의 전부란 말인가?'

이런 회의들을 흘려버리지 않고 계속 자신에게 던졌던 것이, 월정사 단기 출가학교라는 새로운 세계로 나를 이끌었던 것이다.

〈단기 출가학교 일과〉

오전 3시 40분 기상 → 4시 15분 새벽예불 및 참선 → 6시 20분 아침공양 및 명상 → 9시 사경, 염불, 독경 등 정진 및 예불 → 11시 20분 발우공양 및 걷기 명상 → 오후 2시 강의 → 4시 청소 및 세탁 → 5시 10분 저녁공양 → 6시 15분 예불 → 7시 삼귀의와 참선 및 수행일기 쓰기 → 9시 취침

월정사 단기 출가학교 생활 중

오전 3시 40분 월정사의 하루가 시작되면, 이지러진 반달의 푸르스름한 달빛과 차가운 새벽공기 속에서 눈을 뜬다. 적광전에서의 새벽예불 시간에는 반야심경, 무상계, 발원문합송 등으로 예불을 드린다.

오전 5시경에는 108배와 참선을 하는 시간이라 대부분의 행자들이 힘겨워한다. 108배를 채우고 가부좌를 틀고 참선에 들어간다.

'나는 누구인가?'라는 화두에 집중해야 하지만, 방 안의 따스한 온기와 자장가 같은 염불에 잠이 쏟아진다. 까딱 까딱 떨어지는 고개에 청중스님(대중의 정신을 맑게 한다는 소임을 맡은 스님)은 죽비로 행자들의 어깨를 사정없이 내리친다.

인터넷이나 휴대전화 등 바깥세상과 담쌓는 일은 그런대로 견딜 만하지만, 9시 뉴스 시간에 자고 오전 3시에 일어나는 일정은 현대인들에게는 너무 힘들다.

나는 석가모니불을 외치며 상원사에서 적멸보궁까지 삼보일배三步一拜로 오른 것, 전나무 숲길 포행(천천히 걸으면서 참선하는 것), 철야 삼천 배 등이 특히 기억에 남는다.

잠자는 시간을 빼고 거의 17시간이 넘는 수행일정으로 힘이 들었다. 하지만 몸과 마음이 시원해짐을 느꼈다. 그동안의 나태한 삶을 반성하게 하는, 육체적 정신적 고통에 맞서 자신을 재점검하는 시간이었다.

교육을 마치면 약 10%의 기수 생이 정식으로 출가한다고 한다. 꼭 출가하지 않더라도, 자기라는 작은 집을 벗어나 세상이라는 큰 집에서 잘살아 가기를 기원한다.

우리 부부는 반듯한 결혼예물 하나 없이, 오로지 사랑하는 마음 하나와 미래에 대한 희망 하나로 결혼을 했다. 내가 사회에 첫발을 내디딜 땐 월세방에서 어머니와 동생 둘과 함께 지냈다. 그 후 배를 타고 결혼을 하면서 경제적인 문제들이 조금씩 해결되었다.

결혼하면서의 내 꿈은 집을 장만하는 것이었다. 그래서 열심히 돈을 모아 28평형 연립빌라를 샀다. 그때는 정말 세상을 다 얻은 것만 같았다.

1987년 당시 28평형 빌라는 궁궐같이 넓게 느껴졌고 최고로 행복했던 시기였다. 그런데 어느 날 동료들과 상사, 잘나가는 고객들이 사는 40~60평대 집을 보게 되었다.

그때부터 내게는 28평의 행복이 사라지고 48평을 사려는 새로운 목표가 생겨났다. 그래서 48평을 샀더니 더 좋은 것이 나타났다. 주상복합이니 뭐니 하며 평당 1~2천만 원대의 아파트가 나타난 것이었다. 나는 점점 더 욕심이 생겼고, 행복은 점점 더 멀어져 갔다.

자동차도 그랬다. 제일 처음 구입한 차가 1988년 현대 엑셀이었다. 그러다가 엘란트라, 프린스, 그랜저, 혼다, 볼보, 벤츠로 계속 바꾸어 탔다. 골프 회원권에서 세컨드 하우스, 옷도 계절마다 최고급 정장을 갖추어 입었고 넥타이는 백여 개가 넘었다.

게다가 언제부터인가 나는 사람들과도 거리를 두며 만났다. 내 입장에서만 생각하고, 교만함으로 상대방에 대한 배려를 놓치기 일쑤였다.

모든 것이 내 틀 안에 들어와야 마음이 놓였고, 거기서 벗어난 것은 잘못이라 생각하고 인정하려 들지 않았다. 그 때문에 분노와 미움이 늘 내 속에 있었던 것이다. 이것이 피할 수 없는 나의 모습이었다.

월정사에서 삼보일배와 철야 삼천 배를 올리며 나는 부처님 앞에서 진심으로 참회했다.

"부처님, 용서해 주십시오. 저 때문에 힘들었을 주위 사람들에게 참회합니다. 제 죄가 너무 큽니다."

한 사람씩 얼굴을 떠올리며 마음 깊이 용서를 구했다. 한번 떠오르기 시작하니 마치 영화필름이 돌아가듯 전혀 의식하지 못했던 잘못들까지 자세히 보였다.

나는 마음의 원망과 미련을 버리고 새로운 것을 내 안에 채우기 시작했다. 만족하는 척하는 삶이 아니라, 어떤 상황에 처해도 진짜 만족하는 삶을 추구해야 한다는 것을 깨달았다.

내 안에서 행복감을 누려야 하는데 사실 그동안 나는 출세, 승진, 돈, 명예 등만 있으면 행복한 줄 알았다. 이제부터라도 주어진 상황을 감사하게 받아들이고, 내가 가지고 있는 재능을 다른 사람을 돕는 데 써야겠다고 다짐했다.

그동안 내가 갖고 있던 삶의 프레임을 완전히 바꾸어, 다시 태어난 것이었다.

〈나의 유언장〉

사람 몸으로 태어나 사람답게, 짧다면 짧고 길다면 긴 삶을 살다 가게 해주신 부모님께 감사드린다.

아름다운 만남으로 인생의 동반자가 되어 오늘날의 우리 집을 있게 해준 아내에게 그동안의 내조에 대해 진심으로 감사한다.

또한 나에게 끊임없는 에너지와 꿈과 희망과 사랑의 가치를 일깨워 주고 무한한 행복감을 준 아들 승목이, 창목이에게 고맙다는 말을 하고 싶다.

이제 우리 부부로 인한 우리의 시대는 지나가고, 승목이와 창목이의 시대가 도래했다.

무척 가족을 사랑했고 무한한 책임을 지고자 노력했고 후회 없는 삶을 살고자 다양한 경험을 수없이 시도했던 내가 삶을 정리하게 되거든 슬피 울지 마라.

이 세상보다 더 좋은, 영혼이 자유로운, 천상의 세계로 가기 위한 것이니 축복해 주어라.

우리 부부로 시작된 행복한 가정의 전통이 승목이 창목이를 거쳐 영원히 계승 발전되었으면 하는 바람으로 몇 가지 당부한다.

- 우리 집의 가훈은 가화만사성(家和萬事成)과 수신제가 치국평천하(修身齊家 治國平天下)로 대물림해서 가족 모두의 건강과 화목을 도모하여라.

- 천상천하유아독존(天上天下唯我獨尊)! 가족 개개인 모두의 존귀함을 알고, 올

바른 가치관과 세계관, 인생관을 갖도록 교육시켜라.

- 현실에 만족하며 살아라. 노력해서 할 수 있는 것만 하고, 할 수 없는 것은 하지 마라. 무엇을 할 수 있고, 무엇이 할 수 없는지를 아는 것이 지혜다.
- 항상 공부해라. 살아 있는 그 순간까지. 시간을 아끼고 열심히 공부해서 행복하게 잘살아라.
- 매 순간 행복하려고 노력해서 마음 편히, 배짱 좋게 살아라. 나이 들어서 더 여유로운 사람이 되어라.
- 마지막으로 혹시 내가 의식이 없거나 생명을 위협하는 치명적인 질병에 걸리게 되면, 깔끔히 정리해 주어라. 나의 마지막 자존심을 지켜주길 바란다.

우리 모두는 시한부 인생을 살다 간다.

나는 마지막까지 떠나는 뒷모습이 아름답고, 죽고 나서도 '괜찮은 사람'이었다고 기억되고 싶다.

"간다, 간다, 나는 간다. 한세상 멋지게 살다 간다.

잘들 있게나. Von Voyage!"

2000. 1. 1.

새 천 년을 맞이하며 이경호

에필로그

"玉不琢(옥불탁)이면 不成器(불성기)요,
人不學(인불학)이면 不知道(부지도)라."
옥은 갈아야 광채가 나고 사람은 배워야 도를 안다.
-『명심보감』근학편

내가 다녔던 고등학교 교정의 비석에 새겨진 글귀다.

거대한 바윗덩어리도 솜씨 좋은 도공을 만나면 아름다운 조각으로 다시 태어나듯, 평범한 사람도 유능한 스승을 만나 배움을 가까이 하면 훌륭한 인간으로 거듭날 수 있다.

배움은 한 인간을 다듬어서 사람이 가야 할 길을 알려주고 그 길의 가치를 깨우쳐 주는 것이다. 배움에는 끝이 없다고들 한다. 아무리 열심히 해도 이 세상의 모든 지식과 지혜를 다 익힐 수는 없다.

어디 행복한 성공에 이르는 길이 비단 이 길 하나뿐이겠는가?

중요한 것은 길이 아니라 그 길을 가는 사람의 마음자세와 태도다. 어느 한 가지라도 어떻게 실행으로 옮기느냐 하는 것이다.

살다 보면 상황은 항상 변한다. 우연한 사건 하나로 인생의 방향이 바뀌는 경우가 많다.

그러니 너무 조급하게 생각지 말고, 인생 최고의 프로젝트인 마스터플랜을 잘 구상하여, 우리 모두가 행복한 성공자가 되길 바란다.

무조건 열심히 하는 시대는 지나갔다.

어떤 일을 효율적으로 수행하려면 자신의 역량을 먼저 길러야 한다. 세상 누구도 여러분의 인생에 대해 이래라 저래라 할 수 없다.

지금 필요한 것은 자신의 미래에 대한 투자다.

현재보다 훨씬 부가가치가 높은 인물로 성장하기 위해서는, 시간과 노력과 에너지를 집중시켜 자기 자신에게 투자해야 한다.

나는 살면서 별다른 재테크를 하지 않았다. 남들은 재테크에 정신이 팔려 있을 시간에 나는 행복지수를 높일 수 있는 곳에 투자했다.

내가 오래 전부터 하고 싶어 하고 꿈꾸어 오던, 소소하지만 내게는 더 없이 소중한 것들을 위해, 시간과 노력을 차곡차곡 적립했다. 자신의 주체성을 확고히 유지하면서, 변화하는 환경에 유연하게 대처하는 삶의 지혜를 배우고 익혔다.

그렇게 '그냥' 성공이 아닌 '행복한' 성공을 향해 욕심 부리지 않으며 걸음을 내딛기 시작했고, 그것은 지금도 현재진행형이다.

행복한 성공은 선택받은 자만이 누릴 수 있는 혜택이 아니다.

나는 누구든지 꾸준히 노력만 하면 행복한 성공을 이룰 수 있다는 것을 증명하고 싶었다.

서산대사의 글 중에 "눈 쌓인 벌판을 걸어갈 때에는 발걸음을 어지러이 하지 마라. 오늘 걷는 나의 이 발자국이, 뒤에 오는 이의 길이 되리니."라는 글귀가 있다.

오랜 기간 보험업계에서 일하면서 나는, 성공해서 행복한 것이 아니라 행복해서 성공할 수 있는 것임을 경험으로 체득해 왔다.

이제 한눈팔지 않고 걸어와 이 길 위에 새겨놓은 나의 족적들이 또 하나의 길이 되어 여러분 앞에 놓이게 되기를, 그리하여 여러분의 앞길을 밝혀주는 따뜻한 불빛이 되기를 기원한다.

이 책에는 나의 과거와 현재와 미래가 공존하고 있다.

그 산증인이며 언제나 든든하게 내 곁을 지켜준 가족들에게 한 번 더 감사와 사랑을 전하며, 이 책에 나오는 작은 부분 하나라도 여러분의 삶에 실질적인 도움이 되길 바란다.

함께 보면 좋은 책들

청춘이 스펙이다
정태현 지음 | 신국판 | 값 15,000원

청춘을 망치는 대한민국의 잣대를 부숴라!
평사원으로 시작해 포스코 건설의 임원직까지 오르고, 이후 글로벌 기업 에어릭스의 대표가 된 정태현 저자가 이 시대의 청년들과 과거 청년이었던 모두에게 바치는 청춘의 노래. 이제 의미 없는 스펙의 굴레에서 벗어나 진짜 인생을 위한 스펙을 쌓아보자.

나는 세상이 원하는 물건이다
권혁유 외 5명 공저 | 신국판 | 값 15,000원

삼성, LG, 현대, CJ, 아모레퍼시픽 등 굴지의 대기업에 입사한 여섯 청년. 열정 하나로 세상과 맞선 그들의 취업 성공기!
왜 세상은 그들을 선택했는지. 무엇을 해야만 세상이 원하는 진짜 물건이 될 수 있는지 알아보자.

내가 들어줄게
우영제 지음 | 국판 | 값 15,000원

현실에서 방황하는 청춘들, 그 세상 모든 후배 A를 위해 현 고등학교 교사이자 '행복노하우'를 전파하는 강사로 활동 중인 '영제쌤'이 팔을 걷어붙였다. 아무도 듣지 않는 당신의 이야기, 아무도 나누지 않는 삶의 짐을 함께 들어줄 진정한 멘토의 열정 강의.
'20대가 진정 갖춰야 할 경쟁력'이 무엇인지, 『내가 들어줄게』에 그 답이 있다.

돌격영웅전
박근형 지음 | 신국판 | 값 15,000원

젊은이여! 위로는 끝났다. 신세타령 그만하고 일어나서 돌진하라! 시대를 앞서간 30인의 전세계 영웅이 전하는 열정과 도전의 메시지. 중요한 것은 생각이 아닌 실천. 온몸을 던져 세상에 도전하고 그에 대한 평가는 시간에 맡기자. 그 열정이 세상을 이끌어 가는 원동력이다.

열정으로 유혹하라
강규남 지음 | 신국판 | 값 15,000원

대한민국 최초 여성 대통령 시대 개막! 21세기 대한민국이 주목하는 여성 리더십!
특유의 감성과 포용력을 바탕으로, 사업 각 분야의 전위에 나서는 여성 리더들의 노하우는 무엇일까. 성공한 리더가 되기 위해 필요한 것은 오직 '열정' 하나임을, 30년 CEO 경력 저자의 목소리를 통해 들어보자.

두 바퀴로 떠나는 전국일주 자전거길
박강섭·양영훈 지음 | 180*230 | 값 15,000원

'두 바퀴로 떠나는 전국일주 자전거길'은 4월 22일 개통된 총 길이 1757km에 이르는 국토종주 자전거길을 이용하는 사람들을 위해 만들어진 책으로, 아름다운 우리나라 국토와 4대강을 자전거길로 둘러보는 국토종주 자전거길과 자전거길 주변의 볼거리, 먹거리, 잠자리 등 종합 이용정보를 함께 수록하여 오직 자전거로만 만끽할 수 있는 여행으로 독자들을 안내하고 있다.

머니 힐링
조성목 지음 | 신국판 | 값 15,000원

돈과 빛 그리고 잃어버린 꿈에 신음하는 사람들의 회복을 이야기하는 한 권의 책. 이 책 『머니힐링money healing』은 현재 금융감독원의 국장으로 재직 중인 조성목 저자가 집필한 실용 경제서적으로, '돈'을 둘러싼 분쟁과 다툼 그리고 그 사이에서 큰 상처를 받는 피해자들을 조명하고 실질적인 회복, 회생 노하우를 들려준다.

그대 발끝에 이마를 대다
금해 스님 포토에세이 | 신국판 | 값 15,000원

금해 스님이 이 세상에 보내는 우주를 들여다보자. 작고 어여쁘지만 깊은 뜻이 담긴 말씀들, 사진에 담은 찰나의 아름다운 풍경들. 금해 스님은 이를 통해 독자들이 스스로 '하나의 온전한 세상'이 되길 바란다. 그 어떤 상처라 해도 '나'라는 우주의 일부임을 깨닫게 된다면 그 거룩한 마음 앞에 아픔은 저절로 물러서는 것이다.

한 줄기 햇살 굴려 여기까지 왔다
김기순 지음 | 국판변형 | 값 13,000원

이마에서 어른거리는 한 줄기 햇살. 살아 있는 자만이 누릴 수 있는 행복이자 특권. 힘겨웠기에 더 발버둥 쳤고 살아 있기에 더 아름다웠던 순간들. 수필집 『한 줄기 햇살 굴려 여기까지 왔다』는 한 권의 여행서이다. 간이역마다 길게 그림자를 드리운 기억들을 지나, '여기'라는 종착역에 이르기까지의 기록이다.

소마틱스
토마스 한나 지음 · 최광석 옮김 | 신국판 | 값 17,000원

『소마틱스』는 나이가 들면서 겪는 문제를 역전시켜주는 실용적인 매뉴얼로 '노화' 문제라고 알고 있는 증상들에 대처하는 실질적인 '몸-마음 혁신 프로그램'을 제공한다. 많은 사람들이 근육경직, 만성요통, 통증, 피로 그리고 고혈압 같은 문제들을 '노화'로 인해 생기는 질환이라고 여기지만, 소마운동은 근육과 신경을 의식적으로 통제하여 모든 문제를 해결할 수 있도록 돕는다.